Cuba's role in the Bolivarian radical populist movement's dismantling of democracy

El papel de Cuba en el movimiento populista y radical bolivariano para desmantelar la democracia

Douglas Farah

President, IBI Consultants LLC

THE DEMOCRACY PAPER
No. 15

FOUNDATION FOR
HUMAN RIGHTS
IN CUBA

ISBN: 978-1986057776

Design: Kiko Arocha
www.alexlib.com

Fondo Editorial
Interamerican Institute for Democracy
2100 Coral Way. Ste. 500
Miami, FL 33145
U.S.A.
Tel: (786) 409-4554
Fax: (786) 409-4576
www.intdemocratic.org
iid@intdemocratic.org

(ENGLISH)

TABLE OF CONTENS

(EN ESPAÑOL)

INTRODUCTION

The axis Cuba-Venezuela threats
to the US and Latin America

*Connecting the dots between human rights violations
and regional peace and security*

The Inter American Institute for Democracy and the Foundation for Human Rights in Cuba are pleased to introduce this enlightened essay by national security consultant Douglas Farah. The author is broadly recognized as a reputable expert on issues related to intelligence, international security, terrorism, and transnational criminal activities, particularly in Latin America.

After the fall of the USSR, many executives within the foreign affairs and intelligence communities lose their appetite for comprehensive insights on global trends and pushed their analysts towards further specialization on specific countries and issues. For almost two decades, the experts on global affairs were not encouraged to connect the dots between different ongoing processes in various regions. The Cold War was over, they claimed. From their perspective, local conflicts and non state actors now demanded all the attention.

But some cold warriors who hated the West were strategizing and planning ahead. One of them, perhaps the most remarkable, was Fidel Castro. His line of thinking was that if "THE" Cold War was over he could now work on facilitating the emergence of "A" new cold war with a variety of players by building an alliance between state and non state actors.

The new cold war and its state and non-state criminal players

The previous Cold War was expressed by a global confrontation between two ideological and military enemies — the Eastern and Western blocks. In this new cold war the unifying threads of the enemies of freedom are: a) the shared authoritarian / totalitarian nature of the regimes they lead, b) the shared policy priority of their elites to ensure that they will permanently stay in power), c) their shared connections to transnational criminal networks and their global shadow economy, d) their hatred towards a shared enemy: the United States and its allies. The role that Cuba played since the fall of the USSR in bringing together this pack of theocratic, totalitarian, and authoritarian societies cannot be under estimated, particularly in the Western Hemisphere.

Castro was a true believer of the Stalinist idea that conflict with capitalism is inevitable and that perspective easily transformed itself into a self-fulfilling prophesy. Every olive branch extended to Cuba by Washington after the Cold War—either by Clinton, Bush or Obama—was first undermined and finally turned down in one way or another.

Having identified a resourceful ally in Hugo Chavez, the Castro brothers were able to build a global anti-western alliance of states and non-states actors that included, among others, Cuba, Venezuela, Iran, North Korea, FARC, and Hezbollah. This transnational criminal cartel was politically supported, -and financially and militarily furnished-, by China and Russia. But this new alliance is not guided by a secular ideology. It is rooted in the notion that their ends justify any means. Thus, their shared complicity with all sorts of criminal activities: from drugs and human trafficking, to terrorist activities, and arms smuggling.

This represents a dangerous transnational anti-western (particularly anti-American) political / military / criminal cartel. They share the results of their intelligence gathering and their disparate capabilities in military technologies (including WMD—nuclear, chemical, and biological—and delivery systems such as ICBM and other types of missiles). They also share their knowhow in internal repressive methods. They take advantage of their various geographical positions and access to different criminal networks to support each other more effectively. Together they are already waging an asymmetrical war strategy against the United States and its allies.

With the new cold war a new entity was born in Latin America: The Axis Cuba - Venezuela. Havana proofed capable of transforming a free and resourceful country, such as Venezuela, into a narco colony. It was a convenient arrangement. The Castro brothers were able to externalized risks to their national security by using Venezuela as a base for the kind of covert activities that may invite an American retaliation such as drug trafficking, terrorist training, and other criminal activities and endeavors. Castro's strategy included building a leftist / progressive / anti-imperialist narrative to cover the true nature of their criminal regimes.

The so-called new "Socialism of the XXI Century" was then born. Castro's strategy included the goal of fostering the emergence of similar authoritarian prone regimes in the region (especially in drug producer countries such as Bolivia and Ecuador) but also to promote the polarization and radicalization of politics in Argentina, Brazil and other countries.

An important point in that strategy was Castro's old commitment to undermining the Organization of American States by building parallel regional and sub regional organizations that would exclude the United States and Canada. One main goal was to neutralize any action against his new allies in the region using the OAS Democratic Charter or the Inter-American Commission on Human Rights.

In the Summary of his essay, Mr. Farah expresses with great clarity the challenge that most have not perceived:

> Yet, against all odds and prognostications, 26 years after imposing a "Special Period" of extreme rationing and enduring deep food and fuel shortages, the Castro regime today exercises more influence in Latin America than it did during the height of the Cold War (...).

Farah then points towards the true nature of the new emerging regional enemy:

(...) the fusion of both revolutions (Cuban and Venezuelan) into a political/criminal enterprise.

The VIII Summit of the Americas in Lima, Peru: Would the ill-fated policies of Obama towards the dictatorships in Cuba and Venezuela be corrected?

Skeptics on the true dimension of the threat posed by this new anti-western alliance and the dangerous cold war that it has brought about found influential roles within the Obama Administration foreign policy establishment.

The "politically correct" statement made by president Obama at the VII Summit of the Americas in Panama rejecting the notion of "regime change" as a valid policy against these oppressive elites was almost the final nail on the coffin of the OAS Democratic Charter and of the defense of human rights in the Western Hemisphere. What on earth was the region expected to do when a country violates every single principle of democracy and becomes the playground of thousands of narco terrorists from FARC, ELN, Hezbollah and other organizations? Perhaps to apply Obama's Doctrine of "strategic patience"?

Inviting Cuba to the VII Summit of the Americas in Panama was not just "a mistake". It was a deliberate pervasive message that Washington would not care anymore for the fate of oppressed peoples in the Western Hemisphere or the future of the OAS.

The outstanding degradation in recent months of the Venezuelan regime into an open dictatorship begs the question: Should Maduro and Castro are to be allowed to participate again in the VIII Summit of the Americas in Lima, Peru, in April 2018? That would be utterly irresponsible.

Human rights and regional peace and security

On April 25, 2017, Ambassador Nikki Haley, U.S. Permanent Representative to the United Nations, encouraged the international community at a UN Security Council meeting to connect the dots between massive human rights violations and international conflict:

> The traditional view has been that the Security Council is for maintaining international peace and security, not for human rights. I am here today asserting that the protection of human rights is often deeply intertwined with peace and security. The two things often cannot be separated.
>
> *In case after case, human rights violations and abuses are not merely the incidental byproduct of conflict. They are the trigger for conflict.* When a state begins to systematically violate human rights, it is a sign, it is a red flag, it's a blaring siren—one of the clearest possible indicators that instability and violence may follow and spill across borders. It is no surprise that the world's most brutal regimes are also the most ruthless violators of human rights.
>
> The next international crisis could very well come from places in which human rights are widely disregar-

ded. Perhaps it will be North Korea or Iran or Cuba. We don't know where the next revolt against basic violations of humanity will come. But we know from history that they will come.

Whoever may doubt Ambassador Haley assessment should take a closer look at the events that brought humankind to the brink of a nuclear holocaust in 1962. If Cuba and the USSR would have had at that time a system of governance based on a democratic regime the initiative of placing nuclear weapons in the Island would have proofed impossible. The decision of sending those offensive weapons to the Caribbean was secretly taken by a few men in a country of hundreds of millions, and the decision of yielding Cuba's territorial sovereignty to the Red Army of the USSR was also a secret option taken and implemented by less than ten men in a country of little more than six million inhabitants.

In other words: if in 1962 the *regimes of governance* in the USSR and Cuba would have been democratic, -with at least separation of powers and freedom of the press-, it would have not been possible for a few men in both countries to push the world towards the abyss of its nuclear annihilation.

Regime change is a legitimate and wise preventive measure when democratic governments are under the threat of authoritarian human rights violators with an aggressive foreign policy. The phrase is not equivalent to sending the 182nd Airborne Division to do the job. It may entail— as last resort- sending arm forces to another country— as is contemplated by the United Nations resolution on humanitarian interventions ("the Responsibility to Protect") but, by far, that is not the only overt or covert tool available to democracies to put an end to a destabilizing threat to international and/or regional peace and security.

May the power elites of the Axis Cuba - Venezuela, together with those of Iran and/or North Korea, feel tempted again—as the USSR and Cuba in 1962—to share the locations of their WMD capabilities to blackmail the United States? Why would they keep experimenting with ICBM missile technology when they have two close allies in Latin America, just a few miles away from their shared enemy? It is perfectly feasible that they may come to the flawed conclusion of Khrushchev in 1962: that they can achieve in one stroke what may still take them precious time. The unpalatable truth is that it is in the aggressive, risk taking nature, and different logic of these regimes to attempt that risky path. If the Cuban power elite may be now inclined to act prudently given their experience with the USSR in 1962, they could externalize the risk to their national security—as they are already doing with other criminal activities—by encouraging the Venezuelan criminal, ignorant, and irresponsible mafia to try.

Haley's axiom has proven to be right many times in the past. Governments who were reluctant to intervene in other countries to put a stop to national human rights violations and atrocities, felt compelled to act when those regimes projected their violent nature beyond their borders. That was the case of capitalist Great Britain when it dropped its appeasement approach towards the Nazi regime. But that was also the case when communist Hanoi concluded that its genocidal neighbor in Cambodia, the Khmer Rouge, needed to be deposed by a unilateral armed intervention, not because its massive violations of human rights but because it became a danger to its national security. As quoted above, Ambassador Haley pointed out:

> When a state begins to systematically violate human rights, it is a sign, it is a red flag, it's a blaring siren — one of the clearest possible indicators that instability and violence may follow and spill across borders.

Should the United States and the international community, in the name of "sovereignty", do nothing to put an end to the present danger posed by the Axis Cuba - Venezuela? Who is "the sovereign" in Cuba, and Venezuela?

Supporting the struggle for freedoms in those countries is the safest way for strengthening the hand of the true sovereign: the Cuban and Venezuelan citizenry. But is also the path to ensure a more predictable and peaceful region.

Inter American Institute on Democracy
Foundation for Human Rights in Cuba

CUBA'S ROLE IN THE BOLIVARIAN RADICAL POPULIST MOVEMENT'S DISMANTLING OF DEMOCRACY

How a once moribund revolution fueled by petro dollars remade Latin America and the strategic challenge posed to the United States

Douglas Farah
President, IBI Consultants LLC

Abstract

While Venezuela is generally viewed as the architect of the Bolivarian movement, the Cuban role transformed the radical populist movement into a tier-one challenge to the United States

Overview

When the Cold War ended, the Cuban revolution, the Western Hemisphere's only lasting Marxist dictatorship, seemed destined for the dustbin of history. The Soviet Union, provider of vital petroleum, food and political support, had collapsed. The Cuban-supported Sandinista government in Nicaragua was forced to relinquish power, and El Salvador's revolutionary movement negotiated an end to that insurgency. With no allies and flagging economic power, the Castro dictatorship seemed destined for the dustbin of history.

Yet, against all odds and prognostications, 26 years after imposing a "Special Period" of extreme rationing and enduring deep food and fuel shortages, the Castro regime today exercises more influence in Latin America than it did during the height of the Cold War. This paper offers an overview of this stunning turn of events, which are the product of the symbiotic relationship between Hugo Chavez's Bolivarian Revolution, the Castro brothers' enduring revolutionary ideology, and the fusion of both revolutions into a political/criminal enterprise that has reshaped Latin America.

The Cuban-Bolivarian rise comes as U.S. influence in Latin America, particularly in relation to military and security doctrine is waning quickly and dangerously. A particularly noxious new authoritarian doctrine of asymmetrical warfare and permanent confrontation with the United States is filling this vacuum, and has serious but little understood consequences for U.S. national security.

Given the press of global conflicts in which the United States is involved, it is not surprising that simmering and ill-defined threats, even those close to the Homeland, are not considered a priority. However, the growing number of convergence points in Latin America for TOC and terrorist groups to engage in mutually beneficial efforts to counter U.S. interests and possibly harm the United States should be a significant concern. The Cuban/Bolivarian alliance is the nucleus of this threat.

Cuba's lead role in this hemisphere-wide movement is often overlooked. Venezuela under the late Hugo Chávez, initially flush with billions of petro dollars, is widely and correctly viewed as the driving force of the Bolivarian Revolution and its self-proclaimed goal of establishing an international alliance to bring 21st Century Socialism to the hemisphere.

The Bolivarian bloc is now made up of Venezuela, Cuba, Bolivia, Nicaragua, El Salvador, Suriname, Ecuador (to a lesser degree) and some small Caribbean islands. The former Revolutionary Armed Forces of Colombia (FARC) guerrilla movement in Colombia, now a legal political party, is also a fundamental component of the Bolivarian structure. Other political parties like the Worker's Party (PT) of Brazil and the small Communist parties of the region also are part of the bloc.

Venezuela's role in bankrolling the movement is visible, but the less visible Cuban support directly facilitates the Bolivarian movement's ability to execute its radical authoritarian political model, state-centric economic vision, and explicitly anti-U.S. foreign policies across multiple countries.

Under the tutelage and direct participation of the Cuban regime's sophisticated General Intelligence Directorate (DGI),[1] Cuba provided vital support to the countries of

---

1 The DGI is responsible for foreign intelligence collection. The DGI has six divisions divided into two categories of roughly equal size: The Operational Divisions and the Support Divisions. The operational divisions include the Political/Economic Intelligence Division, the External Counterintelligence Division, and the Military Intelligence Division.

the Bolivarian Alliance, including: intelligence collection, support and training; access to international solidary networks and alliances, particularly Russia, and radical revolutionary groups such as ETA Basque separatists and splinter groups of the IRA; skills in suppressing internal dissent; and ideological direction. In effect the Cuban government has viewed the Bolivarian movement and financial assets as a way to expand the Cuban model across the hemisphere, something that was not possible even with Soviet help in the Cold War.

While Chavez's Bolivarian project would not have survived without Cuban assistance, economic and energy partnerships with Venezuela were equally vital to Cuban survival. Without this symbiotic relationship, outlined below, neither movement would have reached the heights they did in the early 21st century.

A significant third factor also has played an important role in the success of this partnership, and it poses the most direct threat to U.S. interests and security. Senior leaders of all of the Bolivarian nations have been credibly accused, charged or convicted of not only engaging in cocaine trafficking but of using transnational organized crime as an instrument of state policy.[2] The primary ally of the Bolivarian bloc has been the FARC, identified as one of

The Political/Economic Intelligence Division consists of four sections: Eastern Europe, North America, Western Europe, and Africa-Asia-Latin America. The External Counterintelligence Division is responsible for penetrating foreign intelligence services and the surveillance of exiles. See "Directorate of General Intelligence." *Global Security.* Accessed athttps://www.globalsecurity.org/intell/world/cuba/dgi.htm.

2 In the case of Ecuador, the Correa government maintained direct ties to the FARC and drug trafficking structures but the current government of Lenin Moreno has moved to distance itself from those policies.

the largest cocaine cartels in the world during its existence as a guerrilla army.

Through these activities, the Bolivarian structure has access to enormous amounts of resources that do not pass through the state treasury and for which there is no accountability or transparency. Furthermore, the Venezuelan state oil company, Petróleos de Venezuela (PDVSA) and its majority-owned subsidiaries in El Salvador (Alba Petróleos) and Nicaragua (Albanisa) have been documented as access points within the Bolivarian states through which to launder multi-billion-dollar illicit revenue streams.[3]

A revealing insight into this network came to light in March 2015, when the U.S. Treasury Department's Financial Crimes Enforcement Network (FinCEN) designated the Banca Privada D'Andorra (BPA) a bank of "primary money laundering concern." The statement noted multiple billions of dollars' worth of money laundering activity in the bank, benefitting a host of actors, including Russian and Chinese organized crime and PDVSA. The Treasury notice reported that BPA and PDVSA set up shell companies and "complex financial products to siphon funds off from PDVSA. BPA processed approximately $2 billion in

---

3 For a comprehensive look at these ties, see: Douglas Farah, "Adapting U.S. Counternarcotics Efforts in Colombia," Testimony before the Senate Caucus on International Narcotics Control, September 12, 2017, accessed at: https://www.ibiconsultants.net/_pdf/douglas-farah-testimony_senate-caucus-on-international-narcotics-control-.pdf ; also "Kingpins and Corruption: Targeting Transnational Organized Crime in Latin America," AEI Working Group on Transnational Organized Crime in Latin America, American Enterprise Institute, June 2017, accessed at: https://www.aei.org/wp-content/uploads/2017/06/Kingpins-and-Corruption.pdf

the money-laundering scheme."[4] The figure of $2 billion siphoned off from PDVSA—which FinCEN documented in only a two-year period and is likely much higher—is stunning, particularly given that the country is in an economic free fall.

It is further apparent that these money-laundering activities provide a steady cash flow for a larger foreign policy strategy. The ALBA bloc embraces, as a policy of the state, alliances with TOC groups and terrorist groups such as the FARC[5] Hezbollah,[6] the Spanish ETA separatists,[7] and drug cartels that move cocaine. The same countries make up the core of several other Venezuelan-funded regional bodies designed to marginalize the United States in the region, including the Community of Latin American

---

4 "FinCEN Names Banca Privada d'Andorra a Foreign Financial Institution of Primary Money Laundering Concern." *FinCEN*, March 10, 2015. Accessed at http://www.fincen.gov/news_room/nr/html/20150310.html.

5 The FARC, first designated a terrorist entity by the United States in 1997, is one of three groups in the world designated as both a major drug trafficking organization and terrorist group. The other two are the Taliban and *Sendero Luminoso* (Shining Path) in Peru. See: State Department, "Foreign Terrorist Organizations." *Bureau of Counterterrorism.* Accessed athttp://www.state.gov/j/ct/rls/other/des/123085.htm. The FARC has also been designated a terrorist entity by the European Union since 2001. This EU designation was lifted in 2017, as a result of the signing of a demobilization and peace accord between the FARC and the Colombian government.

6 The Lebanese-based Hezbollah was designated a terrorist organization by the United States in 1997 and by the European Union in 2013.

7 ETA was designated a terrorist organization by the United States in 1997. See: State Department, "Foreign Terrorist Organizations." *Bureau of Counterterrorism.* Accessed at: http://www.state.gov/j/ct/rls/other/des/123085.htm .

and Caribbean States (CELAC) and the Union of South American Nations (UNASUR).

These partnerships are presented internally as part of a broad struggle against the United States, imperialism, and neoliberalism, all of which require resources.[8] Alliances with Iran and Hezbollah are portrayed as an extension of that struggle on a global scale, the Cuban construct honed during the Cold War. Indeed, structures like CELAC were specifically designed to exclude the United States and Canada from participating.

The embrace of Russia (both the state and state-affiliated TOC groups) and China as extra regional actors corresponds to a set of shared values, both in terms of geopolitical interest and governance models. The embrace is also based on the shared view of the Bolivarian/Cuban bloc and its allies that the United States is their primary enemy.

These blossoming relationships are evident from the multiple visits of the heads of the Bolivarian states to Russia and China, as well as the constant visits by Russian and Chinese leaders to the Bolivarian states to strengthen military, political and economic ties.[9]

---

8 Douglas Farah, *Transnational Organized Crime, Terrorism, and Criminalized States in Latin America: An Emerging Tier-One National Security Priority.* Strategic Studies Institute, U.S. Army War College, August 2012.

9 For the documentation of the significant Russian visits to the region and the increased rate for the visits see: R. Evan Ellis, "Russian Engagement in Latin American and the Caribbean: Return to the 'Strategic Game' In a Complex, Inter-Dependent Post-Cold War World?" *Strategic Studies Institute, U.S. Army War College,* April 24, 2015. Accessed at: https://strategicstudiesinstitute.army.mil/index.cfm/articles/Russian-Engagement-in-Latin-America/2015/04/24 .

Origins of the Alliance

While the ideological affinity between the Cuban and Bolivarian movements is important and clear, that alliance relies upon a powerful transactional relationship, built around the exchange of two commodities for mutual benefit: Cheap Venezuelan oil, desperately needed by the Cuban regime to revive its moribund economy and stave off political and economic reforms; and vast, world-class Cuban intelligence capabilities — developed with the Stasi of East Germany and the Soviet KGB — with decades of expertise in collecting intelligence in the hemisphere from Canada to Argentina, including numerous successful operations within the United States. These capacities and capabilities were desperately needed in Venezuela and the other Bolivarian states to improve the state's ability to suppress internal dissent and stay in power indefinitely.[10] The proof of the success of the model is the Castro brothers grip on power that has lasted 59 years.

Precise figures on the volumes of this exchange are not possible because both governments go to great lengths to be as opaque as possible. However, at its peak in 2008, Cuba was estimated to have received 115,000 bpd, or more than 60 percent of its oil supply, from Venezuela at below-market rates, with most payment deferred for 20

---

10 For an excellent summary of Cuba's intelligence capabilities see: Michelle Van Cleave, "Cuba's Global Network of terrorism, Intelligence and Warfare, " Testimony before the House Committee on Foreign Relations Subcommittee on the Western Hemisphere, May 17, 2012; William Rosenau and Ralph Espach, "Cuba's Spies Still Punch Above Their Weight." The National Interest, September 29, 2013. Accessed at: http://nationalinterest.org/commentary/cubas-spies-still-punch-above-their-weight-9147

years. In addition, until its economic collapse, Venezuela provided an estimated $5 billion a year to Cuba in petro dollars for the services outlined below.[11]

In return, Cuba greatly expanded its embassies in Bolivarian countries to carry out espionage and other activities, particularly in Bolivia, Nicaragua and El Salvador.[12] In addition, the Castro regime deployed tens of thousands of medical and other personnel in *misiones* around the hemisphere, both to provide basic health services and to embed Cuban experts in the intelligence, police and military structures of friendly nations. The purpose of these *misiones* was two-fold. First, the countries receiving the *misiones* paid for them and received the benefit of improved health services and literacy training while generating hard currency for the Castro government. Second, Cuba gained complete access and significant control over the strategic power centers across the hemisphere. In Ecuador, Bolivia, El Salvador and Venezuela, this included direct control of both voter registration lists and national electoral commissions, in addition to military and civilian intelligence structures, thereby greatly enhancing the ability to control the results of elections.

---

11 Ted Piccone & Harold Trinkunas, "The Cuba-Venezuela Alliance: The Beginning of the End?" Brookings Institution Policy Brief, June 2014; Marianna Parraga & Marc Frank, "Exclusive: Venezuela Oil Exports to Cuba Drop, Energy Shortages Worsen." *Reuters,* July 13, 2017. Accessed at https://www.reuters.com/article/us-venezuela-cuba-oil-exclusive/exclusive-venezuela-oil-exports-to-cuba-drop-energy-shortages-worsen-idUSKBN19Y183

12 "Cuba tiene mayor embajada en Bolivia," Cubaencuentro, October 31, 2016. Accessed at: https://www.cubaencuentro.com/internacional/noticias/cuba-con-la-mayor-embajada-en-bolivia-327436

In recent years, Venezuela, long the linchpin of the petroleum/*misiones* exchange, has become increasingly unable to uphold its end of the bargain due to: rampant corruption; the collapse of world oil prices; plunging Venezuelan oil production; ongoing economic free fall, shortages and hyperinflation; and the increasing international isolation of the regime of Chávez' successor, Nicolás Maduro, as he increases repression.

Evo Morales, Daniel Ortega, Raúl Castro and Nicolás Maduro at Bolivarian summit in Havana, January 2017 (Prensa Latina).

As a result, oil shipments from Venezuela to Cuba have slipped downward since at least 2010, and in the first half of 2017 were estimated to be 72,360 bpd,[13] and the amount is likely to have fallen even further in the year since, as Venezuela's production has continued to fall. Cuba has been forced to significantly ration its electrical use in public buildings, curtail the sale of gasoline and diesel to the public, and recall thousands of its *misiones* members due to economic constraints.[14]

---

13 Parraga and Frank, op cit.

14 Piccone and Trinkunas, op cit.

This contraction leaves the future of the alliance less certain, and has opened the door for Russia, China and Iran to use their economic resources to expand their influence in the Bolivarian axis, both to gain influence as well as access to vital natural resources, including undeveloped offshore oil blocs, lithium and rare earth minerals.

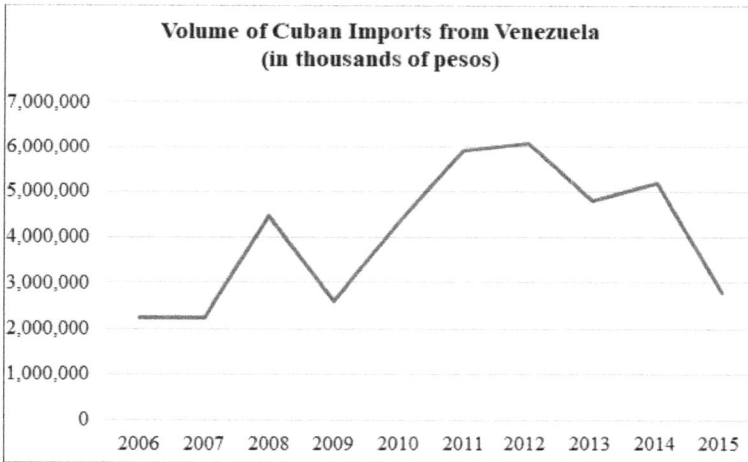

Volume of Cuban Imports from Venezuela (in thousands of pesos)

Source: Oficina Nacional de Estadísticas e Información, Cuba

The Early Years and Ideological Framework

While the Castro-Chávez alliance began in the 1990s, the rise of the Cuba-Bolivarian movement came in the mid-2000s as the traditional, weak democratic governments in Latin America faced a loss of legitimacy due to widespread corruption, economic stagnation, and closed electoral systems.

This discontent coincided with the height of Chávez's oil wealth and personal popularity in the hemisphere, as oil prices soared over $100 a barrel and seemingly unlimited PDVSA money could fund like-minded candidates and buy elections in neighboring countries. It was also before Chávez's credibility as a legitimate democratic alternative to traditional parties was in tatters. The Castro brothers, still wielding one of the most sophisticated intelligence apparatuses in the hemisphere (and indeed the world), saw the opportunity presented at this historic crossroads and, with Chávez, moved aggressively to seize the moment.

While Chávez had attempted an unsuccessful coup d'état in 1992, he relied on the Castro brothers to provide the ideological, political conspiratorial architecture that he and his allies would need to not just take power but to hold it, as the Castros had done since 1959. This architecture was adapted but remained essentially unchanged as Morales, Correa, Ortega, and Mauricio Funes and later Salvador Sánchez Ceren in El Salvador took power in in the mid-2000s.

Presidents Daniel Ortega (Nicaragua), Hugo Chávez (Venezuela), Raúl Castro (Cuba) and Evo Morales (Bolivia) give anti-imperialist salute Source: Getty Images

From 2005-2007, Evo Morales in Bolivia, Rafael Correa in Ecuador and Mel Zelaya in Honduras were elected with significant Venezuelan funding and Cuban support. Against long odds, Daniel Ortega, the only one besides the Castro brothers to lead an armed revolution, returned to office in Nicaragua. In Peru, the Bolivarian candidate lost, but in Argentina, the Kirchner dynasty, while not officially part of the Bolivarian bloc, was a de facto partner, as was the Lula government in Brazil.

In 2009, the Farabundo Martí National Liberation Front (FMLN), the former guerrillas, won the elections in El Salvador, adding another ally, while Zelaya in Honduras was forcibly removed from office after a year. In 2010, Desi Bouterse, a convicted drug trafficker and warlord embraced and financed by Chávez, won election in Suriname. However, by 2016 the march of the "pink tide" was slowing; Brazil, Argentina and Honduras were no longer part of the alliance and Ecuador, under President Lenin Moreno, was slowly backing away from the Bolivarian authoritarianism and corruption that had defined Correa.[15]

It was now evident that the survival and expansion of the joint projects—the Cuban revolution and the Bolivarian axis—could only be insured if Venezuela used its oil wealth to provide Cuba with badly needed, discounted petroleum products and buy regional allies, while Cuba provided the roadmap, intelligence, and intellectual

---

15 FT View, "The Ebbing of Latin America's 'Pink Tide.'" *Financial Times*, December 28, 2015. Accessed at https://www.ft.com/content/72b63996-a282-11e5-bc70-7ff6d4fd203a

framework to shatter the traditional political and economic structures.

Figure 3: Poster announcing the creation of a trade pact among the Bolivarian alliance. Hugo Chávez (left), Fidel Castro (center) and Evo Morales (right).

In light of recent challenges, Bolivarian leaders make constant pilgrimages to Havana to consult with the Cuban regime, and Cuba played host to the FARC during its four years of negotiations with the Colombian government that led to a peace agreement signed in October 2016. In addition to personal visits by the presidents, key Bolivarian leaders like Juan Ramón Quintana of Bolivia, Medardo González and José Luis Merino of El Salvador[16] all spend significant time in Havana. Quintana was recently named Bolivian ambassador to Cuba.[17] Cuba is also the

16 "Cuban Vice President Receives the Secretary General of FMLN." *Prensa Latina,* December 11, 2017. Accessed at http://www.plenglish. com/index.php?o=rn&id=22088&SEO=cuban-vice-president-receives-the-secretary-general-of-fmln.

17 "Designan al Exministro Quinana Como Embajador en Cuba." *Los Tiempos,* April 28, 2017. Accessed at http://www.lostiempos.com/ac-

host to summits of the Bolivarian alliance, as well as other multilateral meetings.

When Fidel Castro died in 2016, the Bolivarian leaders publicly embraced the lessons he had taught them. Ecuador's Correa said Castro had been his spiritual and political father, while El Salvador's Salvador Sánchez Cerén said Fidel helped him "mature in our strategic vision of the revolutionary struggle." Ortega said that Castro would live on in all his followers and led a funeral crowd in Havana in chants of "I am Fidel, I am Fidel."[18]

The successes of the Cuban-Bolivarian partnership, therefore, are the result of a carefully coordinated political and economic strategy, in order to allow the 'revolutions' to take and hold power. This strategy required a complex, sequenced series of steps that Cuba understood and had already successfully navigated, steps which leaders of the Bolivarian alliance, under their guidance, followed:

- Create a binary choice between being for the revolution, personified in the president and representing the collective will of the people, and being against it. Under this logic, being a counter-revolutionary is by definition a threat to the revolution and the people and therefore a criminal activity;

tualidad/nacional/20170428/designan-al-exministro-quintana-como-embajador-cuba.

18 Nick Miroff, "From a Parade of Foreign Leaders, a Glowing Farewell to Fidel Castro." *The Washington Post*, November 26, 2016. Accessed at https://www.washingtonpost.com/world/from-a-parade-of-foreign-leaders-a-glowing-farewell-to-fidel-castro/2016/11/29/6a9514c8-b5a8-11e6-939c-91749443c5e5_story.html?utm_term=.a203bd6d415e.

- Once in power, fundamentally restructure the intelligence services to focus on internal enemies, including opposition politicians, the independent media, the Catholic Church and civil society, while destroying the traditional social networks that historically had protected the elites;
- Recast the Unites States as the primary enemy of the hemisphere, using the "Yankee Go Home" rhetoric of the Cold War, and move aggressively to create conflicts that could be used to expel ambassadors, the Drug Enforcement Administration (DEA), USAID and US-backed NGOs;
- Decapitate the military and police leadership, largely trained in the United States, and replace the top ranks with loyalists who are willing to violate institutional norms and politicize the institutions in the name of the revolution;
- Realign the Bolivarian governments with regimes hostile to the United States — including Russia, Iran, China, Syria, and, to a lesser degree North Korea — in the name of revolutionary solidarity and the need for an "independent" foreign policy.
- Use the deep and long-standing historical ties, developed by the Cuban regime over decades, to criminalized states[19] and transnational criminal organizations in order to open new illicit pathways of increasing sophistication to the Bolivarian alliance and its allies (such as the FARC), and use the

---

19 The term "criminalized state" is used to define states that use transnational organized crime as an instrument of state policy. See: Farah, *Transnational Organized Crime, Terrorism, and Criminalized States in Latin America: An Emerging Tier-One National Security Priority,* op. cit.

acquired funds to ensure the survivability of the movement.

4 September 1986: Libyan leader Muammar Gaddafi and Cuban president Fidel Castro walk with Nicaraguan president Daniel Ortega during the non-aligned countries summit in Harare, Zimbabwe
Picture: ALEXANDER JOE/AFP/Getty Images

The historic ties of Daniel Ortega and Fidel Castro to criminalized regimes like that of Muammar Gaddafi were of great value to Bolivarian movement 20 years later.

The Criminalization of the Bolivarian/Cuban Alliance

Driven by the ideological imperative to disrupt and defeat the United States, the Bolivarian/Cuban alliance has embraced transnational organized crime (TOC) as a valuable instrument of state policy, in a similar fashion as Russia, its main extra-regional ally. As mentioned previously, this is particularly true in Venezuela, Bolivia, El Salvador and Nicaragua. All of these governments directly support the FARC, Hezbollah, Iran, ETA, and major drug trafficking organizations as a manner of legitimate.

FARC documents captured by the Colombian military in 2008 show that the Chávez government, with the direct participation of the president, head of intelligence and other senior officials, loaned the FARC $300 million for new weapons and other equipment, money the FARC agreed to repay in cocaine shipments. In addition, the documents show, the discussions of the loan and other vital strategic support, including weapons shipments and the creation of front groups, took place in Fuerte Tiuna, the headquarters of both the military and intelligence structures in Caracas.[20] It would be difficult to have more direct evidence of Venezuela's direct support for a designated drug trafficking and terror organization than this.

Cuba, like the other Bolivarian allies, has not been a bystander in these activities. In addition to aiding North Korea in the illegal acquisition of weapons as discussed below, Cuba has been a consistent ally of the Assad regime in Syria. It has further served as a primary facilitator in the FARC's efforts to move billions of dollars to safe haven, in partnership with allies in El Salvador and Nicaragua.

These money-laundering activities, which allow the FARC to skirt the promises it made to forfeit assets, violate both the spirit and the letter of the Colombian peace pact. It also worth noting that the FARC money was derived

---

20 For an extensive look at the support of the FARC by Chávez, and a full explanation of captured FARC documents following the death of FARC commander Raúl Reyes see: James L. Smith, "The FARC Files: Venezuela, Ecuador and the Secret Archives of 'Raul Reyes.'" *International Institute for Strategic Studies, London*, 2011. See also: Douglas Farah, *Transnational Organized Crime, Terrorism, and Criminalized States in Latin America: An Emerging Tier-One National Security Priority*, op cit.

from drug trafficking, kidnappings, extortion, human trafficking and illegal gold mining.[21]

The same FARC documents show that the FARC donated hundreds of thousands of dollars to the successful 2007 presidential campaign of Rafael Correa in Ecuador, and in exchange received safe harbor for its forces, as well as unfettered access to a dollarized economy and cocaine transport routes.[22]

During the Cold War and since its end, Cuba had used Soviet money and money likely derived from the drug trade to support armed revolutions across Latin America and Africa. Testimony of associates of Pablo Escobar, as well as the direct testimony of Carlos Lehder (both Escobar and Lehder were founders of the Medellín cartel), pioneering Bolivian drug kingpin Roberto Suárez, and former Panamanian president Manuel Noriega all paint a credible and detailed picture of the direct involvement of the Cuban regime in allowing drugs to flow through Cuba for the financial benefit of the regime.

While the U.S.-backed Contra rebels in Nicaragua were engaged in widespread drug trafficking, the Sandinista government of Daniel Ortega was also reportedly involved in moving cocaine with Cuban help. According to published accounts, at a 1982 meeting of Fidel Castro with Sandinista leaders Edén Pastora and Tomás Borge, Castro

---

21 Douglas Farah, "Adapting U.S. Counternarcotics Efforts in Colombia," op. cit.

22 Francisco Huerta Montalvo et al, "Informe Comisión de Transparencia y Verdad: Caso Angostura," Dec. 10, 2009.

encouraged them to move into drug trafficking to "whiten America with cocaine in order to destroy it."[23]

This historical precedent, and the Bolivarian bloc's reliance on FARC cocaine for profit, made engaging in trafficking as a state enterprise an easy step for the Bolivarian leadership; it earns massive amounts of funds for their international project, and raises no alarms with the Cuban regime.

- The list of the leadership of the Bolivarian axis reportedly involved in illicit activity is extensive and includes senior government officials of all of the Bolivarian countries. A small sample includes:
- Suriname's President Desi Bouterse and his son and confidant Dino, both convicted drug traffickers,[24] and the president presides over an illicit gold smuggling operation that aids the FARC and other criminal groups.[25]

23 Ralph E. Fernandez, "Historical Assessment of Terrorist Activity and Narcotic (sic) Trafficking by the Republic of Cuba." *Cuba Confidential*, January 22, 2003. Accessed at: https://cubaconfidential.files. wordpress.com/2012/04/historical-assessment-of-terrorist-activity-and-narco-trafficking-by-cuba.pdf

24 Ivelaw Lloyd Griffith, "Political Acumen and Political Anxiety in Suriname." *Security and Defense Review*, National Defense University, Fall-Winter Issue 2011, Volume 12.

25 Douglas Farah and Kathryn Babineau, "Suriname: The Paradigm of a Criminalized State," Center for Secure Free Society, March 2017, accessed at: http://www.securefreesociety.org/wp-content/uploads/2017/03/Global-Dispatch-Issue-3-FINAL.pdf

- Venezuela's vice president Tareck El Aissami, a member of the regime's inner circle, and a designated drug kingpin by the U.S. Treasury Department;[26]
- El Salvador's FMLN leader José Luis Merino (AKA Ramiro Vásquez), currently deputy vice minister of foreign relations and architect of the Alba Petróleos money laundering operation;[27]
- Bolivia's Juan Ramón Quintana, current ambassador to Cuba and former minister of the presidency (he has also held other senior posts);[28]
- Bolivia's head of the anti-narcotics police René Sanabria Oropeza, convicted of trafficking hundreds of kilos of cocaine from Bolivia to the United States;[29]
- Ecuador's former head of the central bank Pedro Delgado, who orchestrated a banking deal to help

---

26 El Aissami is only one of more than a dozen senior Venezuelan officials sanctioned by U.S. and European authorities for drug trafficking and ties to transnational organized crime. See: "Treasury Sanctions Prominent Venezuelan Drug Trafficker Tareck El Aissami and his Primary Frontman Samark Lopez Bello." U.S. Department of Treasury press release, February 13, 2017. Accessed at: https://www.treasury.gov/press-center/press-releases/Pages/as0005.aspx

27 Letter from the Hons. Jeff Duncan (chairman) and Albio Sires (ranking member), Subcommittee on the Western Hemisphere, Committee on Foreign Affairs, U.S. House of Representatives, to Hon. Steven Mnuchin, Secretary of Treasury, June 19, 2017.

28 Reyes Theis, "El oscuro pasado del embajador de Bolivia en Cuba, Juan Ramón Quintana." *14ymedio Reportajes*, September 20, 2017.

29 United States of America v. Rene Sanabria-Oropeza et al, United States District Court, Southern District of Florida, Indictment, February 14, 2011.

Iran evade U.S. and U.N. sanctions on its nuclear program.[30]

Ecuador's former minister of national security Gustavo Larrea, who reportedly funneled FARC money to the successful presidential campaign of Rafael Correa in 2006.[31]

Given the revolutionary imperative to attack the United States, the use of drug trafficking as a means to that end is justifiable, within the context of the Bolivarian stated goal of "refounding" all of Latin America in image of Cuba and Venezuela.

The "Re-founding" of the Revolutionary States

The foundational step in this process, learned from Cuba's earliest revolutionary experience, was the "refounding" of the nation's basic conceptualization, enshrined in a new constitution that would provide the legal architecture for curbing the independent media, politicizing the judiciary, concentrating power in the executive, and perpetuating the revolution in power. Chávez implemented the strategy in 1999, a year after winning elections, at the instigation

---

30 Alex Pérez, "Sanctions Busting Schemes in Ecuador." In Joseph Humire and Ilan Berman (eds.), Iran's Strategic Penetration of Latin America., Lexington Books, 2014.

31 In addition to FARC documents, an independent panel appointed by Correa found that Larrea and other senior government officials took FARC money for the campaign in exchange for promises of giving the FARC free access across the Ecuador-Colombia border. It was not clear whether Correa knew of the donations. See: Francisco Huerta Montalvo et al, "Informe Comisión de Transparencia y Verdad: Caso Angostura," Dec. 10, 2009..

of Fidel Castro, who understood the days of armed insurrection in Latin America had largely run its course.

Evo Morales, the president of Bolivia, has publicly recounted that in an early 2003 meeting with Fidel Castro to discuss taking up arms against the government of Bolivia, the Cuban leader urged him not to opt for an armed insurrection to achieve power. "Don't do what I did, don't have an armed uprising," Morales said Castro told him. "Lead a democratic revolution, like Chavez's, with a constitutional assembly."[32]

A small group of Spanish lawyers, working first with Chávez, then with Morales in Bolivia and Rafael Correa in Ecuador, wrote the new constitutions for all three nations, drawing from the Cuban playbook that created the Bolivarian governments as the true representatives of the revolution and any forces opposing them as the counter-revolutionary "enemies" seeking to harm "the people."[33]

In a 2009 speech, Morales laid out the Bolivarian perspective, telling supporters:

> I want to tell you, companions and union leaders, all of you, if you are not with the official party (the MAS) at this time, you are the opposition. If you are opposition, then you are right wing, of the racist-fascists, of the neo-

---

32 Carlos Valez, "Castro Urged Ballots, Not Guns, For Bolivia's Populist Revolution, Morales Says." *The Associated Press*, Dec. 30, 2006.

33 For a more detailed look at the role of these Spanish intellectuals, led by Roberto Viciano Pastor of the University of Valencia, in writing the new constitutions of Venezuela, Bolivia and Ecuador, see: Joshua Partlow, "Latin America's Document-Driven Revolutions: Team of Spanish Scholars Helped Recast Constitutions in Venezuela, Bolivia, Ecuador." *The Washington Post*, Feb. 17, 2009. p. A1.

liberals...it is time for definition-either you are with the MAS or you are a fascist (this rhymes in Spanish: *Sos MASista o sos facista*). There is no middle ground. Define yourselves.[34]

With this premise established, political opposition becomes subversion, silencing non-government media is necessary to protect the revolution and the people, judicial attempts to rein in the executive are treasonous attempts by the enemy to thwart the revolution, congressional opposition is counter-revolutionary, and attempts at imposing accountability on state institutions or ending corruption are dying gasps of the traditional oligarchy defending their privileged positions.

Bolivian President Evo Morales greets a delegation
of senior Cuban military officers visiting La Paz in 2016.

---

34 The statement was reported in all Bolivia's major written press. A video of the speech can be found here: http://www.ahorabolivia. com/2009/04/08/debate-%C2%BFsos-masista-o-fascista/

Restructuring the Intelligence Services

Each of the countries where the Bolivarian candidates prevailed shared a condition that long histories of political instability and social change had been unable to significantly disrupt: The social cohesiveness of the small, traditional economic and political elites, in which social networks built through familial ties, shared educational experiences and access to power, play an enormous role.

This central power had traditionally ensured that members of the upper-middle and upper classes could protect each other from the extremes of the political turbulence that often led to violence in other social classes. While the elites went into exile and were occasionally jailed, the persistence of social networks through military dictatorships and unrest meant that there was a continual ability to appeal, on a personal basis, to the other side to mitigate the damage that would be done. Cuban intelligence operatives, having faced similar circumstances in their revolution and in helping to shape the Sandinista Revolution in Nicaragua, which initially governed from 1989-1990, understood the importance of altering this structure.

The Cubans understood the necessity of destroying those elite social networks for the revolution to succeed, and did so by making examples of high-profile arrests of prominent dissidents in the early days of the Bolivarian ascent. In past eras political arrests of opposition figures were also carried out, but those arrested of the elite groups were usually freed within a matter of weeks to go into exile or comfortable house arrest. In the case of Cuba, dissidents remained in prison (or worse), a key factor in subduing and stifling internal dissent.

With the weakening and dismantlement of social networks, implementing other repressive measures — the criminalization of the opposition, harassing, bribing or blackmailing the independent media into silence, and carrying out voter fraud - could all be accomplished much more easily.

As the social networks were being dismantled, new Cuban structures were being put into place across the Bolivarian alliance. The structures were usually established within the presidency, in a special "situation room," designed to map, monitor and destroy all political opposition. During the Cold War, the Stasi of East Germany excelled at establishing internal networks to get neighbors to spy on neighbors, something the Cuban internal intelligence structure perfected through the "popular block" committees, where each person reported on his or her neighbors to a committee chairman.

"What Fidel told them (Bolivarian allies) is that, obviously they couldn't trust the security and intelligence structures from prior regimes because they were compromised and would be disloyal," a former Cuban intelligence officer explained. "That is why he (Fidel) would give them people they could trust, and these Cubans would have the lives of the presidents in their hands."

Fidel then proposed broadening the scope of work because to provide security, one needed information, and that was converted into Cuban control of intelligence structures. Ultimately, in the cases of Venezuela and Bolivia at least, the intelligence gathered by the Cubans was sent directly to Havana, and Havana would decide what information to share with the host nations.[35]

It is worth noting that while Ortega of Nicaragua maintains a cordial relationship with Castro and the Cuban regime, he runs his own formidable internal security apparatus with far greater independence; he and his loyalists received years of Cuban, Soviet and Stasi training during his first period in power, and have been perhaps the most successful in replicating the Cuban model.

The 2008 arrest of Leopóldo Fernández, the influential opposition governor of the Pando department (state) in Bolivia, is a case study of similar actions in countries across the alliance, where Cuba directly influenced a break in the old paradigm.

Initially, Fernández, a traditional politician and businessman allied with former military dictator Húgo Banzer, was accused of perpetrating a "massacre" of 11 marchers supporting Morales, although the evidence was decidedly mixed on whether the marchers or counter-marchers opened fire. Morales ordered the governor's arrest and then broadened the accusations against him, including conspiring to carry out a coup d'état, leading an armed separatist movement, and other charges. To replace Fernández, Morales named a loyal naval officer who would continue to aggressively attack the anti-Morales forces.[36]

---

35 Antonio Maria Delgado, "Opresión S.A., el nuevo modelo de espionaje y repression exportado por Cuba." *El Nuevo Herald*, October 26, 2014. Accessed at: http://www.elnuevoherald.com/noticias/mundo/america-latina/venezuela-es/article3375172.html

36 "Evo Morales designa un military como prefecto de Pando." *La Prensa*, September 20, 2008,. Accessed at: https://www.prensa.com/mundo/Evo-Morales-designa-prefecto-Pando_0_2388511444.html

Fernández was not only imprisoned without a trial for years; all the pleadings for leniency or release by Fernández's friends and family, even those allied with Morales and the MAS, were summarily rebuffed by the Cuban intelligence structure that by then controlled access to Morales and provided his security. Nine years later, Fernández was sentenced to 15 years in prison for ordering the 2008 murders. Charges of terrorism and conspiracy were dismissed, in large part because they were no longer needed to make the point that anyone, no matter how well connected, would be imprisoned if viewed as an enemy of the revolution.

"The Cubans didn't care who you knew, who you went to school with, who married into your wife's family," said one Bolivian intelligence analyst. "Those were the levers always used in these cases and to the Cubans they meant nothing. They could tell everyone to go to hell without the need to consult their Bolivian counterparts. It was designed to show that the consequences of dissent were real and irreversible, with no room for emotional appeals."

The Decapitation of the Security Forces

Through decades of training, education and direct action, the United States had more influence in the militaries and police forces in much of Latin America than other state institutions. This made purging the security forces, both in terms of officers and doctrine, a high priority for the Bolivarian-Cuban alliance.

As soon as it was politically feasible, the Bolivarian states of Bolivia, Ecuador, Venezuela and Suriname banned the Drug Enforcement Administration (DEA) from operating in their national territories. In Ecuador, the Correa government also took over the DEA regional interdiction base in Manta — a move that has led to Manta becoming a major transshipment point for US-bound cocaine, manufactured by the FARC. In addition, the vetted units formed by the DEA, FBI and CIA were disbanded and the members, if they remained on active duty, were scattered to different units to dilute their contact and effectiveness.

The notable exceptions so far have been Nicaragua and, to a lesser degree El Salvador, where the DEA maintains a presence, although its partner relationships and access are curtailed and will likely soon be ended there as well.

The first priority was the wholesale reorganization the command structures of both the military and the police, in order to promote loyalists and marginalize U.S. allies. The purges were justified on the basis of alleged coup plans and, given the history of the militaries in these countries, the allegations proved effective when backed by the full weight of the state and its ever-growing official media.

In El Salvador, the FMLN promoted in a legally dubious manner a Communist Party member named David Munguía Payes, who had infiltrated the armed forces during the war. Munguía Payes first served as El Salvador's minister of public security and then minister of defense, where he remains today. Ortega in Nicaragua moved quickly to reinstall Sandinista loyalists from the revolution. Bolivia, Venezuela and Ecuador, which had no active revolutionary movements or pool of revolutionary talent to draw upon, had to dig deep into the ranks, with the aid of Cuban intelligence, to find acceptable replacements for the existing command structure.

As a Brookings Institution report noted regarding Venezuela, which also holds true for the other Bolivarian states:

Venezuela and Cuba also experience a close, if asymmetrical, security relationship. Various sources report the numbers of Cuban intelligence operatives and military advisors as ranging from hundreds to thousands. Around 400 military advisors provide direct support to the Presidential Guard. Intelligence and military advisors are reportedly deployed in military units, the Ministry of Interior and Justice, the Directorate of Military Intelligence, and the Servicio Bolivariano de Inteligencia Nacional. This service is coordinated by Cuba's military attaché in Caracas. A coordination and liaison group of the Cuban armed forces in Venezuela was also established in 2009.

The Venezuelan armed forces have revised their doctrine, previously based on a U.S. model, to adapt a Cuban military doctrine. This is based on prolonged popular war, designed to incorporate the civilian population into resistance forces in the event of an invasion... Cuban advisors serve in the Venezuelan Interior Ministry, immigration service, and national telecommunications company. By contrast, the Venezuelan military and intelligence presence in Cuba is limited to a military attaché group, established in 2007, and officers receiving training at Cuban military schools.[37]

Cuba's role is evident throughout the execution of these processes, first as it promoted the purges and then

37 Piccone and Trinkunas, op cit.

when it offered training and military doctrine to replace the U.S. model. The Cuban efforts to create new doctrine for the Bolivarian militaries are often accompanied by the Russian military aid and personnel.

The current hub of training is the "Juan José Torres Anti-Imperialist School," near Santa Cruz, Bolivia, inaugurated in August 2016 and largely staffed with Cuban, Ecuadoran and Venezuelan military instructors.[38]

President Evo Morales inaugurates the Anti-Imperialist military academy for Bolivarian students

Bolivian defense minister Reymi Ferreira said that graduating from the academy would be an "indispensible

---

38 "Instructores de Cuba y Venezuela serán docents en la escuela militartar antiimperialista de Bolivia." *Eju TV*, June 2, 2016. Accessed at: http://eju.tv/2016/02/instructores-cuba-venezuela-seran-docentes-la-escuela-militar-antiimperialista-bolivia/ ; "Bolivia Opens 'Anti-Imperialist' Military School to Counter US Foreign Policies." *The Guardian*, August 17, 2016. Accessed at: https://www.theguardian.com/world/2016/aug/17/bolivia-anti-imperialist-military-school-evo-morales-us

requirement" for any officer seeking promotion to a flag officer rank, saying the students would receive instruction in economics, social policy and other disciplines "with deep historical context."[39]

As with the Counter-narcotics training center in Nicaragua, the Anti-Imperialist School has been officially inaugurated several times through the years, perhaps indicating the lack of financial resources to finish the projects. The school in Bolivia was initially opened in 2011 as the ALBA Defense and Sovereignty School, with the surprise presence of then Iranian defense minister Ahmed Vahidi, who has an outstanding Interpol Red Notice requesting his arrest for the 1994 bombing in Buenos Aires, Argentina that left 86 people dead. Following the scandal that ensued over Vahidi's visit the school, which had reportedly received more than $1 million in Iranian financing, remained idle for almost five years, until its second inauguration in 2016.

Morales, speaking at the 2011 inauguration, said the School would prepare the peoples of the region to defend against "imperialist threats, which seek to divide us." He said that the "Peoples of ALBA are being besieged, sanctioned and punished by the imperial arrogance just because we are exerting the right of being decent and sovereign." He added that, "We must not allow the history of colonization to be repeated or our resources to become the loot of the Empire."[40]

---

39 "Instructores de Cuba y Venezuela serán docents en la escuela military antiimperialista de Bolivia," op cit.

40 "ALBA School of Defense and Sovereignty Opens." *Anti-Imperialist News Service*, June 14, 2011. Accessed at: http://www.anti-imperialist. org/alba-school-of-defense-opens_6-14-11.htm

President Evo Morales (left) and Iranian defense minister Ahmed Vahidi (right) at the 2011 inauguration of the Anti-Imperialist Military Academy, Warnes, Bolivia. (Anti-Imperialist.org).

Speaking before the assembled heads of state from the ALBA countries, Morales articulated the ALBA position, saying:

> The Empire seeks to divide us, make us fight with our brother nations, in order to benefit from the conflicts. But we have decided to live in peace. The most profitable business of the empire is armed conflict among brother nations. War has one winner: Capitalism. And war has one loser: less developed nations.[41]

Ideological Realignment

Morales' statement was the articulation, in language long used by Cuba, of a top priority of the Bolivarian nations:

---

41 ALBA School of Defense and Sovereignty Opens," op cit

to portray the United States as the primary enemy of humanity and reorient their relations to Russia, Iran, China, North Korea, Syria and others was are viewed as strategic opponents to the United States.

The ties of the Bolivarian states to Russia, China and Iran have been amply documented[42] and so will not be discussed here at any length. However, the underlying ideological framework of the realignment, shaped and led by Cuba, is less known but equally important; this influence is the focus here.

This ideology, fostered in Cuba, is articulated by group of authors avidly promoted by the Bolivarian states through a web of interlocking websites. Together, these advocates press the idea that the United States has a host of secret bases in Latin America and is on the edge of an invasion that can only be staved off with the help of strategic allies.[43] This is the theory put forth by prominent

42 See for example: Farah, *Transnational Organized Crime, Terrorism, and Criminalized States in Latin America: An Emerging Tier-One National Security Priority,* op cit; Joseph Humire, "Iran Propping up Venezuela's Repressive Militias." *The Washington Times,* March 17, 2014. Accessed at: https://www.washingtontimes.com/news/2014/mar/17/humire-irans-basij-props-up-venezuelas-repressive-/ ; Linette Lopez, "A suspected terrorist and drug trafficker just became Venezuela's vice president." *Business Insider,* January 5, 2017. Accessed at: http://www.businessinsider.com/new-venezuela-vice-president-has-ties-to-iran-hezbollah-2017-1 ; Douglas Farah and Liana Eustacia Reyes, "Russia in Latin America: A Strategic Analysis." *PRISM,* Center for Complex Operations, National Defense University, Vol. 5 no. 4, 2015. Accessed at: http://cco.ndu.edu/Portals/96/Documents/prism/prism_5-4/Russia%20in%20Latin%20America.pdf

43 For a comprehensive overview of this network see: Douglas Farah, "The Advance of Radical Populist Doctrine in Latin America: How the Bolivarian Alliance is Remaking Militaries, Dismantling Democracy and Combatting the Empire," *Prism,* Center for Complex Operations,

author Telma Luzzani, who wrote an entire book on non-existent U.S. bases in the hemisphere in which she states:

> I was able to draw two maps: one of the presence of the Marines in Central America and one that shows, in more detail the Southern Command's bases in South America. The bases have always been a vital link in the existence of any empire, and they are more efficient if one can keep them, like spies, wrapped in secrecy... They may be smaller, have few personnel assigned to them, be more well hidden, but they provide the necessary logistics to deploy troops on a vast scale.[44]

Another favorite trope is what Stella Calloni, a journalist with close ties to the Castros and Chávez calls "soft coups" *(golpes de estado suaves)*. In this construct, the Empire (United States) uses proxies such as police strikes and unrest in the military to try to topple the revolutionary governments. The strategy consists of illegal ways of creating a situation of chaos, organized by the Empire, and is operationalized whenever governments take popular measures and provoke the CIA to attack them.

Calloni supports her hypothesis with cases of civil unrest in Bolivia, Ecuador, Argentina, Honduras and Paraguay, where, she says, one can lay the responsibility for

---

National Defense University, Vol. 5, no. 3, 2015. Accessed at: http://cco.ndu.edu/Portals/96/Documents/prism/prism_5-3/The_Advance_Of_Radical_Populist_Doctrine_in_Latin_America.pdf

44 Emiliano Guido, "Sin bases no hay imperio," Mirador al Sur, (no date) accessed at: http://sur.infonews.com/notas/sin-bases-no-hay-imperio

seditious actions at the feet of U.S. agencies and foundations often use as fronts for U.S. agencies.[45]

Best selling Bolivarian book Territories Under Surveillance: *How the Network of U.S. Military Bases Operates in South America*, outlining U.S. plans to invade Latin America militarily.

None of these writers or policymakers operates in a vacuum. They and their work are linked through an extensive web of cyber hubs that aggregate material, link to and promote each other, and are featured on the official websites of the governments of Cuba, Venezuela, Argentina and elsewhere.

One very active hub—among more than a dozen identified by IBI Consultants in a brief survey—is called *Contrainjerencia* (Against Interference), a title that refers to the

---

45 Calloni expounds her theory of the "foundations" as fronts for U.S. actions in a piece titled "The Silent Invasion" (*La invasion silenciosa*). *Cuba Debate*, April 7, 2009. Accessed at: http://www.cubadebate.cu/opinion/2009/04/07/la-invasion-silenciosa-iii/#.U20wDC8wInY.

imperialist interference in the hemisphere. In the figure shown below, the connection with multiple Cuban directed sites, as with the Bolivarians, and the Argentine government news agency Telam, is evident.

Stella Calloni with Fidel Castro.

By understanding this intellectual project, the logic of the relationships of the Bolivarian states and Cuba to a wide range of rogue actors becomes evident. These alliances include: Cuba's attempted illegal exports of MiG fighter jets to North Korea; the embrace by Chávez of Carlos the Jackal and other international terrorist groups, including the FARC; and the warm embrace of Russia as a viable alternative to the United States for doctrine, military hardware and financial assistance.

Few cases better demonstrate Cuba's central role as a facilitator of rogue states than the bizarre case of the July 2013 seizure of a North Korean ship in Panama, the Chong

Chon Gang, which was sailing from Cuba to its home country. Based on intelligence tips, U.S. and Panamanian officials stopped and boarded the vessel during its voyage as it entered the Panama Canal.

Panamanian authorities found the rusted ship was carrying weapons systems from Cuba, hidden beneath hundreds of thousands of sacks of sugar, loaded in such a way as to make the search particularly difficult. The Cuban foreign ministry thereafter confirmed that they had indeed sent weapons on the ship: two anti-aircraft systems, nine missiles, and two dismantled MiG jets, along with 15 MiG engines. All of the materials were produced in the mid-20th century. The Cubans said that the weaponry, which was militarily obsolete, was being shipped to North Korea for repairs.[46]

Given the fact that North Korea has little maintenance capacity for advanced weaponry, the explanation was clearly absurd, particularly given the history of the ship. As one report noted,

The Chong Chon Gang, it has emerged, is a known rogue ship, having been stopped and searched with suspicious shipments on several other occasions. In 2009, it was seen in the Russian naval base of Tartus, in Syria. A year later, it was found to be carrying drugs in the Ukraine. North Korea is known to operate a fleet of such ships; it is suspected of using them to procure hard currency for Pyongyang by ferrying black-market weapons here and there across the seas. There is also some evidence to suggest that North Korea is on the prowl for missile components, as part of its ongoing effort to build a missile system capable of carrying one of its nuclear warheads. [47]

The Cuban government exercises ironclad control of ports and outbound cargo, and that the cargo in question came directly from the Cuban military. Therefore, it is clear that Cuban government was a direct participant in

---

46 Rick Gladstone and David E. Sanger, "Panama Seizes Korean Ship, and Sugar-Coated Arms Parts." *New York Times,* July 16, 2013. Accessed at: http://www.nytimes.com/2013/07/17/world/americas/panama-seizes-north-korea-flagged-ship-for-weapons.html?pagewanted=all&_r=2&

47 John Lee Anderson, "The Case of Cuba and the North Korean Ship." *The New Yorker,* July 18, 2013.

the attempted illegal shipment of weapons to North Korea. What remains unknown is why the Cuban regime would take such a risk.

In late 2017, as international pressure grew on North Korea and the United Nations was imposing more sanctions on the isolated nation, which nevertheless continued to test its missile technology, Cuba invited North Korean Foreign Minister Ri Yong-ho for a visit. It is the only known trip abroad of a senior North Korean official except to its main sponsor, China.

While the exact nature of the visit is unknown, Yong-ho met with Castro and foreign minister Bruno Rodríguez and carried out other "unspecified activities," while jointly denouncing U.S. "unilateral and arbitrary lists and designations" that led to "coercive measures contrary to international law." According to Cuban state media, in their review of the meeting, "In a brotherly encounter, both sides commented on the historic friendship between the two nations and talked about international topics of mutual interest."[48]

Conclusions

The Cuban regime's hemispheric influence has been significantly enhanced by the many roles it has played in supporting the Bolivarian revolution across Latin America.

---

48 Sarah Marsh, "Castro Meets North Korea Minister Amid Hope Cuba Can Defuse Tensions." *Reuters,* November 24, 2017. Accessed at: https://www.reuters.com/article/us-cuba-northkorea/castro-meets-north-korea-minister-amid-hope-cuba-can-defuse-tensions-idUS-KBN1DO2JG ; Marc Frank, "North Korean Foreign Minister Heads to Cuba." *Reuters,* November 20, 2017.

Cuba's primary asset is its sophisticated and competent intelligence services, now operating across the continent and controlling human and signals intelligence in host countries such as Bolivia and Venezuela.

Cuba's ideological and logistical support to a movement that was flush with billions of petro dollars also afforded the Castro government access to cheap oil and, with that oil, a shot a survival without significant internal reforms. The exchange of oil money for intelligence support is now threatened by Venezuela's economic collapse.

The result of the common Cuban/Bolivarian revolutionary project has been to create an alliance of highly criminalized states that view the United States as the primary enemy of humanity. In order to institute a new international order in line with their interests, this alliance has embraced cocaine trafficking and other illicit activities as legitimate instruments of state policy. The radical populist movement to create "Socialism for the 21st Century" set out to systematically destroy democratic institutions, muzzle the independent media, perpetuate itself in power by whatever means necessary, and ally itself with other governments around the globe that are overtly hostile to the United States and its interests.

While Venezuela under Hugo Chávez is widely (and correctly) recognized as the driver of the new revolutionary movements in Latin America, Chavez and others' success in taking power and retaining it would not have been possible without Cuba's active participation.

The Bolivarian/Cuban effort must be understood as a multinational, ideological/criminal enterprise that seeks an authoritarian alliance to directly challenge U.S.

interests in the hemisphere. To do so, it is opening the door for hostile state and non-state actors to operate with impunity. This exercise in asymmetrical warfare has so far not been met with a coherent strategic response by the United States.

EN ESPAÑOL

INTRODUCCION

El eje Cuba-Venezuela y las amenazas para EE. UU. y América Latina

Como conectar los puntos entre las violaciones de derechos humanos, la paz y la seguridad regionales

El Instituto Interamericano para la Democracia y la Fundación para los Derechos Humanos en Cuba se complacen en presentar este ensayo erudito del consultor de seguridad nacional Douglas Farah. El autor es ampliamente reconocido como experto acreditado en cuestiones de inteligencia, seguridad internacional, terrorismo y actividades delictivas transnacionales, en especial en América Latina.

Tras la caída de la URSS, muchos ejecutivos que formaban parte de las comunidades de asuntos exteriores e inteligencia se sintieron poco atraídos por una comprensión integral de las tendencias mundiales, y les sugirieron a sus analistas una mayor especialización en países y temas específicos. Durante casi dos décadas, los expertos en asuntos mundiales no fueron alentados a conectar los puntos entre los diferentes procesos en curso en diversas regiones. La Guerra Fría había terminado, afirmaban.

Desde su perspectiva, los conflictos locales y los actores no estatales exigían ahora toda su atención.

Pero algunos veteranos de la Guerra Fría que odiaban a Occidente ya estaban elaborando estrategias y planes por adelantado. Uno de ellos, quizás el más notable, fue Fidel Castro. Su línea de pensamiento fue que si "LA" Guerra Fría había terminado, ahora podía perseverar en facilitar el surgimiento de "UNA" nueva guerra fría con una multiplicidad de jugadores creando una alianza entre actores estatales y no estatales.

La nueva guerra fría y sus criminales participantes estatales y no estatales

La anterior Guerra Fría se manifestó por un enfrentamiento global entre dos enemigos ideológicos y militares: el Bloque Oriental y el Occidental. En esta nueva guerra fría, la urdimbre que unifica a los enemigos de la libertad es: a) la naturaleza autoritaria / totalitaria común a los regímenes que lideran; b) la prioridad política compartida por sus élites de asegurar su permanencia en el poder; c) sus conexiones compartidas con redes criminales transnacionales y su economía sumergida global; d) su odio hacia un enemigo común: Estados Unidos y sus aliados. El papel que desempeñó Cuba desde la caída de la URSS en unificar este haz de sociedades teocráticas, totalitarias y autoritarias no puede ser subestimado, sobre todo en el Hemisferio Occidental.

Castro creyó de veras en el concepto estalinista de que el conflicto con el capitalismo era inevitable y esta perspectiva se transformó sin mucho esfuerzo en una profecía de seguro cumplimiento. Cada rama de olivo que Washington extendió a Cuba después de la Guerra Fría, ya fuera por Clinton, Bush u Obama, fue primero socavada y por fin rechazada de una manera u otra.

Una vez identificado un aliado con recursos en Hugo Chávez, los hermanos Castro lograron construir una alianza global anti occidental de actores estatales y no estatales que incluyó, entre otros, a Cuba, Venezuela, Irán, Corea del Norte, las FARC y Hezbollah. Este cártel criminal transnacional fue apoyado políticamente —y abastecido financiera y militarmente— por China y Rusia. Pero esta nueva alianza no está guiada por una ideología secular, sino que hinca sus raíces en la creencia de que sus fines justifican cualquier medio. De ahí su complicidad compartida con todo tipo de actividades delictivas: desde la droga y la trata de personas, hasta las actividades terroristas y el contrabando de armas.

Esto representa un peligroso cártel político / militar / criminal anti occidental (en particular antiamericano). Comparten los resultados de su recopilación de inteligencia y sus capacidades dispares en tecnologías militares (que incluyen armas de destrucción en masa -nucleares, químicas y biológicas- y sistemas de vectores como ICBM y otros tipos de misiles). También comparten su experiencia en métodos represivos internos. Aprovechan sus diversas posiciones geográficas y su acceso a diferentes redes delictivas para apoyarse entre sí de manera más efectiva. Juntos ya están aplicando una estrategia de guerra asimétrica contra Estados Unidos y sus aliados.

Con la nueva guerra fría nació una nueva entidad en América Latina: El Eje Cuba-Venezuela. La Habana demostró ser capaz de convertir un país libre y rico en recursos, como Venezuela, en una narco colonia. Fue un arreglo conveniente. Los hermanos Castro pudieron externalizar los riesgos para su seguridad nacional usando a Venezuela como base para el tipo de actividades encubiertas que pueden concitar una represalia estadounidense, como el narcotráfico, el entrenamiento terrorista y otras actividades y empresas delictivas. La estrategia castrista incluyó la creación de una narrativa izquierdista / progresista / antiimperialista para cubrir la verdadera naturaleza de sus regímenes criminales.

Entonces nació el llamado "Socialismo del siglo XXI". La estrategia castrista incluía el objetivo de fomentar el surgimiento de regímenes autoritarios similares en la región (sobre todo en países productores de drogas como Bolivia y Ecuador) pero también promover la polarización y radicalización de la política en Argentina, Brasil y otros países.

Un punto importante en esa estrategia fue el antiguo compromiso castrista de debilitar la Organización de Estados Americanos mediante la creación de organizaciones regionales y subregionales paralelas, que excluyeran a Estados Unidos y Canadá. Un objetivo principal era neutralizar cualquier acción contra sus nuevos aliados en la región que invocara la Carta Democrática de la OEA o la Comisión Interamericana de Derechos Humanos.

En el Resumen de su ensayo, el Sr. Farah expresa con gran claridad el desafío que muchos no han percibido:

> Sin embargo, contra todo pronóstico, 26 años después de imponer un "Período Especial" de racionamiento extremo

y una escasez crónica de alimentos y combustible, el régimen de Castro ejerce hoy mayor influencia en América Latina que durante el apogeo de la Guerra Fría (...)

Farah señala a continuación la verdadera naturaleza del nuevo enemigo regional que ha surgido:

La fusión de ambas revoluciones (la cubana y la venezolana) en una empresa política / criminal.

La VIII Cumbre de las Américas en Lima, Perú: ¿Se corregirán las nefastas políticas de Obama hacia las dictaduras de Cuba y Venezuela?

Los escépticos sobre la verdadera dimensión de la amenaza planteada por esta nueva alianza anti occidental, y la peligrosa guerra fría que ha generado, llegaron a ocupar cargos influyentes dentro del aparato de política exterior de la administración Obama.

La declaración "políticamente correcta" hecha por el presidente Obama en la VII Cumbre de las Américas de Panamá, con la que rechazó la idea de "cambio de régimen" como política válida contra estas élites opresoras, fue casi el puntillazo a la Carta Democrática de la OEA y la defensa de los derechos humanos en el Hemisferio Occidental. ¿Qué podría esperarse que hiciera la región cuando un país viola todos los principios de la democracia y se convierte en el parque de recreo de miles de narcoterroristas de las FARC, el ELN, Hezbollah y otras organizaciones? ¿Quizás aplicar la Doctrina de Obama de "la paciencia estratégica"?

Invitar a Cuba a la VII Cumbre de las Américas en Panamá fue no solo "un error", sino un mensaje deliberado y omnipresente de que a Washington ya no le importaba la suerte de los pueblos oprimidos del Hemisferio Occidental ni el futuro de la OEA.

La notable degradación del régimen venezolano en los últimos meses hacia una dictadura abierta plantea la pregunta: ¿Debería permitirse a Maduro y a Castro participar de nuevo en la VIII Cumbre de las Américas de Lima, Perú, en abril de 2018? Sería una total irresponsabilidad.

Los derechos humanos, la paz y la seguridad regionales

El 25 de abril de 2017, la Embajadora Nikki Haley, Representante Permanente de EE. UU. ante Naciones Unidas, alentó a la comunidad internacional en una reunión del Consejo de Seguridad a conectar los puntos entre las flagrantes violaciones de derechos humanos y los conflictos internacionales:

La opinión tradicional ha sido que el Consejo de Seguridad es para mantener la paz y la seguridad internacionales, no para los derechos humanos. Hoy estoy aquí para afirmar que la protección de los derechos humanos suele estar íntimamente entrelazada con la paz y la seguridad. A menudo no se pueden separar una de otra.

En un caso tras otro, las violaciones y abusos de los derechos humanos no son simplemente el subproducto incidental del conflicto. Son el disparador del conflicto. Cuando un estado comienza a violar sistemáticamente los derechos humanos, es una señal, es una alerta, es una clarinada, uno de los indicadores más claros de que la inestabilidad y la violencia pueden prolongarse y traspasar fronteras. No es de extrañar que los regímenes más brutales del mundo sean también los más crueles violadores de los derechos humanos.

La próxima crisis internacional bien podría provenir de lugares donde se desprecian los derechos humanos. Tal vez sea de Corea del Norte, Irán o Cuba. No sabemos de dónde vendrá la próxima revuelta contra las violaciones básicas a la condición humana. Pero la historia nos dice que vendrán.

Quien pueda dudar de la evaluación de la Embajadora Haley debería examinar más de cerca los acontecimientos que llevaron a la humanidad al borde de un holocausto nuclear en 1962. Si Cuba y la URSS hubieran tenido en ese momento un sistema de gobierno basado en un régimen democrático, la iniciativa de colocar armas nucleares en la Isla habría resultado imposible. La decisión de enviar esas armas ofensivas al Caribe fue secretamente tomada por unos pocos hombres en un país de cientos de millones, y la decisión de ceder la soberanía territorial de Cuba al Ejército Rojo de la URSS también fue una opción secreta tomada y llevada a vías de hecho por apenas diez hombres en un país de poco más de seis millones de habitantes.

En otras palabras: si en 1962 los *regímenes* de gobernabilidad en la URSS y Cuba hubieran sido democráticos --con al menos separación de poderes y libertad de prensa-- no habría sido posible que unos pocos hombres en ambos países empujaran al mundo hacia el abismo de su aniquilación nuclear.

El cambio de *régimen* es una medida preventiva legítima y sabia cuando los gobiernos democráticos están bajo la amenaza de violadores autoritarios de los derechos humanos con una política exterior agresiva. La frase no equivale a enviar la 182 División Aerotransportada a hacer el trabajo. Eso puede implicar, como último recurso, enviar las fuerzas armadas a otro país —como contempla la resolución de Naciones Unidas sobre intervenciones humanitarias (la Responsabilidad de Proteger)— pero ni por asomo es esa la única herramienta abierta o encubierta en manos de las democracias para poner fin a una amenaza desestabilizadora para la paz y la seguridad internacionales o regionales.

¿Pueden las élites de poder del Eje Cuba-Venezuela, junto con las de Irán o Corea del Norte, sentirse tentadas de nuevo -como hicieron la URSS y Cuba en 1962- a compartir la ubicación de sus capacidades de armas de destrucción en masa para chantajear a Estados Unidos? ¿Para qué seguir experimentando con la tecnología de misiles ICBM cuando tienen dos aliados cercanos en América Latina, a pocas millas de su enemigo común? Es perfectamente factible que lleguen a la misma errónea conclusión que Jruschov en 1962: que pueden lograr de un golpe lo que aún les pudiera tardar un tiempo precioso. La triste verdad es que está en la naturaleza agresiva, osada, y de lógica diferente de estos regímenes, intentar ese camino arriesgado. Si la élite de poder cubana pudiera ahora inclinarse a actuar con prudencia, dada su experiencia pasada con la URSS en 1962, podría externalizar el riesgo a su seguridad nacional --como ya lo están haciendo con otras actividades delictivas-- alentando a la mafia venezolana criminal, ignorante e irresponsable a probar suerte.

El axioma de Haley ha demostrado ser correcto muchas veces en el pasado. Gobiernos que se mostraban reacios a intervenir en otros países para poner fin a las violaciones y atrocidades de los derechos humanos a nivel nacional, se sintieron obligados a actuar cuando esos regímenes proyectaron su naturaleza violenta más allá de sus fronteras. Ese fue el caso de la Gran Bretaña capitalista cuando abandonó su enfoque de apaciguamiento hacia el régimen nazi. Pero ese fue también el caso cuando la comunista Hanoi concluyó que su vecino genocida de Camboya, los Jemeres Rojos, debían ser depuestos por una intervención armada unilateral; no por sus violaciones masivas de los derechos humanos, sino porque se convirtieron en un peligro para su seguridad nacional. Como señaló la embajadora Haley: "Cuando un Estado comienza a violar sistemáticamente los derechos humanos, es un aviso, una señal de alarma, una clarinada, uno de los indicadores más claros de que la inestabilidad y la violencia pueden prolongarse y traspasar fronteras".

¿Deberían los Estados Unidos y la comunidad internacional, en nombre de la "soberanía", no hacer nada por poner fin al peligro actual que representa el Eje Cuba-Venezuela? ¿Quién es "el soberano" en Cuba y Venezuela?

Apoyar la lucha por las libertades en esos países por diversos medios es la forma más segura de fortalecer las posibilidades del verdadero soberano: la ciudadanía cubana y venezolana. Pero también es el camino para garantizar una región más predecible y pacífica.

Instituto Interamericano para la Democracia
Fundación para los Derechos Humanos en Cuba

El papel de Cuba en el movimiento populista y radical bolivariano para desmantelar la democracia

Cómo una revolución moribunda alimentada por petrodólares intenta rehacer América Latina y el desafío estratégico que esto plantea para Estados Unidos

Douglas Farah
Presidente, IBI Consultants LLC

Resumen

Mientras que Venezuela generalmente se ve como el arquitecto del movimiento Bolivariano, el papel de Cuba realmente ha transformado el movimiento populista radical en un desafío de primer nivel para los Estados Unidos.

Visión general

Cuando terminó la Guerra Fría, la revolución cubana, única dictadura marxista en el hemisferio occidental, parecía destinada al basurero de la historia. La Unión Soviética, proveedora del vital petróleo, alimentos, apoyo político y militar había colapsado. El gobierno sandinista apoyado por Cuba en Nicaragua se vio obligado a renunciar el poder y el movimiento revolucionario de El Salvador negoció el fin de esa insurrección. Sin aliados y sin poder económico, la dictadura de Castro parecía destinada al basurero de la historia.

Sin embargo, contra todo pronóstico, 26 años después de la imposición de un "Período especial", de un racionamiento extremo y de una escasez duradera de alimentos y combustible, el régimen de Castro hoy ejerce más influencia en América Latina de la que tuvo durante el apogeo de la Guerra Fría. Este documento ofrece una visión general de este sorprendente giro en los eventos, que son el producto de la relación simbiótica entre la revolución bolivariana de Hugo Chávez, la revolucionaria de los hermanos Castro y la fusión de ambas revoluciones en una empresa política / criminal que ha remodelado la América Latina con un ascenso cubano-bolivariano y como confrontar la influencia de los Estados Unidos en América Latina, particularmente en a relación con la doctrina militar y de seguridad está disminuyendo rápida y peligrosamente particularmente la nueva y nociva doctrina autoritaria de la guerra asimétrica y la confrontación permanente con los Estados Unidos está llenando este vacío, y tiene serias consecuencias serias aunque poco entendidas para la seguridad nacional de los Estados Unidos.

Ante la presión de los conflictos globales en que los Estados Unidos está involucrado, no es sorprendente que las tibias amenazas y mal definidas, incluso aquellos cercanos a la Patria, no se consideran una prioridad. Sin embargo, el creciente número de puntos de convergencia en América Latina para TOC y grupos terroristas por participar en beneficio mutuo los esfuerzos para contrarrestar los intereses de EE. UU. y posiblemente dañar a los Estados Unidos deberían ser una preocupación significativa. La alianza cubana / bolivariana es el núcleo de esta amenaza.

El papel principal de Cuba en este movimiento hemisférico a menudo se pasa por alto. Venezuela bajo el difunto Hugo Chávez, inicialmente lleno de miles de millones de petrodólares, es ampliamente y correctamente visto como la fuerza motriz de la Revolución Bolivariana y su autoproclamado objetivo de establecer una alianza internacional para traer en el siglo XXI el Socialismo al hemisferio.

El bloque bolivariano ahora está formado por Venezuela, Cuba, Bolivia, Nicaragua, El Salvador, Surinam, Ecuador (en menor grado) y algunas pequeñas islas del Caribe.

El antiguo movimiento guerrillero de las Fuerzas Armadas Revolucionarias de Colombia (FARC) en Colombia, ahora un partido político legal, también es un componente fundamental de la Estructura bolivariana. Otros partidos políticos como el Partido de los Trabajadores (PT) de Brasil y los pequeños partidos comunistas de la región también son parte del bloque.

El papel de Venezuela de financiar el movimiento es visible, pero el apoyo cubano menos visible facilita directamente la capacidad del movimiento bolivariano para ejecutar un radical modelo político autoritario, visión económica centrada en el estado y explícitamente anti-Estados Unidos. Las políticas exteriores en varios países. Bajo la tutela y participación directa de la sofisticada

Dirección General de Inteligencia (DGI)[1], Cuba brindó un apoyo vital a los países de la Alianza Bolivariana, que incluye: recopilación de inteligencia, apoyo y capacitación; acceso a redes y alianzas solidarias internacionales, particularmente Rusia, y grupos revolucionarios radicales como ETA separatistas vascos y grupos escindidos del IRA; habilidades para suprimir la disidencia interna; y dirección ideológica.

En efecto, el gobierno cubano ha visto el movimiento bolivariano y los activos financieros como una manera de expandir el modelo cubano en todo el hemisferio, algo que no era posible incluso con la ayuda soviética en la Guerra Fría.

Mientras que el proyecto bolivariano de Chávez no hubiese sobrevivido sin la asociación cubana las asociaciones de asistencia, económicas y energéticas con Venezuela eran igualmente vitales para la supervivencia cubana. Sin esta relación simbiótica, que se detalla a continuación, tampoco el movimiento habría alcanzado las alturas que alcanzaron a principios del siglo XXI.

Un tercer factor significativo también ha jugado un papel importante en el éxito de esta asociación, y representa

---

1 La DGI es responsable de la recopilación de inteligencia extranjera. La DGI tiene seis divisiones divididas en dos categorías de tamaño aproximadamente igual: las divisiones operacionales y las divisiones de apoyo. Las divisiones operativas incluyen la División de Inteligencia Política / Económica, la División de Contrainteligencia, y la División de Inteligencia Militar. La División de Inteligencia político / económica consta de cuatro secciones: Europa del Este, América del Norte, Europa Occidental y África-Asia-América Latina. La División de Contrainteligencia Externa es responsable de penetrar servicios de inteligencia extranjera y la vigilancia de los exiliados. Ver "Dirección de Inteligencia General". Seguridad global. Accedido en https://www.globalsecurity.org/intell/world/cuba/dgi.htm.

la amenaza más directa para los intereses y la seguridad de los EE. UU. Los principales líderes de todas las naciones bolivarianas han sido acusados, acusados o condenados, no solo por el tráfico de cocaína, sino también por el uso de el crimen organizado como instrumento de la política estatal[2]. El principal aliado del movimiento bolivariano han sido las FARC, identificadas como uno de los cárteles de la cocaína más grandes del mundo durante su existencia como un ejército guerrillero.

A través de estas actividades, la estructura bolivariana tiene acceso a enormes cantidades de recursos que no pasan por el tesoro del estado y para los cuales no hay responsabilidad o transparencia. Además, la compañía petrolera estatal venezolana, Petróleos de Venezuela S.A. (PDVSA) y sus subsidiarias de propiedad mayoritaria en El Salvador Alba Petróleos) y Nicaragua (Albanisa) han sido documentados como puntos de acceso dentro de los estados bolivarianos a través del cual blanquear ilícitos multimillonarios flujos de ingresos[3].

---

2 En el caso de Ecuador, el gobierno de Correa mantuvo vínculos directos con las FARC y la droga estructuras de tráfico, pero el actual gobierno de Lenin Moreno se ha movido para distanciarse de esas políticas.

3 Para una visión completa de estos vínculos, ver: Douglas Farah, "Adaptación de los esfuerzos antinarcóticos de los EE. UU. En Colombia, "Testimonio ante el Caucus del Senado sobre el Control Internacional de Narcóticos, 12 de septiembre, 2017, accesible en: https://www. ibiconsultants.net/_pdf/douglas-farah-testimony_senate-caucus-oninternational-narcotics-control-.pdf; también "Kingpins and Corruption: Targeting Transnational Crimen Organizado en América Latina, "Grupo de Trabajo AEI sobre Delincuencia Organizada Transnacional en América Latina" America, American Enterprise Institute, junio de 2017, accesible en: https://www.aei.org/wpcontent/ archivos / 2017/06 / Kingpins-and-Corruption.pdf. ; also "Kingpins and Corruption: Targeting Transnational Organized Crime in Latin America," AEI

Una idea reveladora sobre esta red salió a la luz en marzo de 2015, cuando el Departamento del Tesoro de EE. UU. y su Red de Ejecución de Delitos Financieros del Departamento del Tesoro (FinCEN) designó la Banca Privada D'Andorra (BPA) como un banco "muy preocupante debido al lavado de dinero".

La declaración destacó varios miles de millones de dólares en actividad de blanqueo de dinero en dicho banco, beneficiando a una serie de actores, incluido el ruso y el crimen organizado chino y PDVSA. El aviso del Tesoro informó que BPA y PDVSA estableció empresas ficticias y "productos financieros complejos para desviar fondos" fuera de PDVSA. BPA procesó aproximadamente $ 2 mil millones en el esquema de lavado de dinero[4].

La cifra de $ 2 mil millones desviados de PDVSA, que FinCEN documentó en solo un período de dos años es probable que sea mucho más alto; es impresionante, especialmente dado que el país se encuentra en una caída económica libre. Es muy evidente que estas actividades de blanqueo de dinero proporcionan un flujo de efectivo constante para una estrategia más amplia de política exterior. El bloque ALBA adopta, como una política de estado, alianzas con grupos de TOC y grupos terroristas como las

---

Working Group on Transnational Organized Crime in Latin America, American Enterprise Institute, June 2017, accessed at: https://www. aei.org/wp-content/uploads/2017/06/Kingpins-and-Corruption.pdf

4 "FinCEN nombra Banca Privada d'Andorra una institución financiera extranjera de lavado de dinero primario, preocupación". FinCEN, 10 de marzo de 2015. Accedido http://www.fincen.gov/news_room/nr/html/20150310.html.

FARC[5], Hezbollah[6], los separatistas españoles de ETA[7], y carteles de la droga que mueven la cocaína. Al igual estos países constituyen el núcleo de varios otros organismos regionales financiados por Venezuela y diseñado para marginar a los Estados Unidos en la región, incluyendo la Comunidad de Estados Latinoamericanos y caribeños (CELAC) y la Unión Sudamericana de Naciones.

Estas asociaciones se presentan internamente como parte de una amplia lucha contra los Estados Unidos, el imperialismo y el neoliberalismo, todos los cuales requieren recursos[8]. Las alianzas con Irán y Hezbolá se presentan como una extensión de esa lucha en una escala global, la construcción cubana perfeccionada durante la Guerra

---

5 Las FARC, primero designada una entidad terrorista por los Estados Unidos en 1997, es uno de los tres grupos en el mundo designado como una importante organización de tráfico de drogas y grupo terrorista. Los otros dos son Talibanes y Sendero Luminoso (Sendero Luminoso) en Perú. Ver: Departamento de Estado, "Terrorista extranjero" Organizaciones. "Oficina de Contraterrorismo. Accedido en http://www.state.gov/j/ct/rls/other/des/123085.htm. Las FARC también han sido designadas como una entidad terrorista por la Unión Europea desde 2001. Esta designación de la UE se levantó en 2017, como resultado de la firma de una Desmovilización y acuerdo de paz entre las FARC y el gobierno colombiano.

6 El Hezbolá radicada en El Líbano fue designada una organización terrorista por los Estados Unidos en 1997 y por la Unión Europea en 2013.

7 ETA fue designada organización terrorista por los Estados Unidos en 1997. Ver: Departamento de Estado, "Organizaciones Terroristas Extranjeras". Oficina de Contraterrorismo. Accedido a: http://www.state.gov/j/ct/rls/other/des/123085.htm.

8 Douglas Farah, Delincuencia Organizada Transnacional, Terrorismo y Estados Criminalizados en América Latina: Una nueva prioridad de seguridad nacional de primer nivel. Instituto de Estudios Estratégicos, U.S. Army War College, Agosto 2012.

Fría. De hecho, estructuras como la CELAC fueron diseñados específicamente para excluir a los Estados Unidos y Canadá de participar.

El abrazo de Rusia (grupos estatales y estatales de TOC) y China como los actores extra regionales corresponden a un conjunto de valores compartidos, tanto en términos de intereses geopolíticos y modelos de gobernanza. El abrazo también se basa en visión compartida del bloque bolivariano / cubano y sus aliados enfocan a los Estados Unidos como su principal enemigo.

Estas florecientes relaciones son evidentes a partir de las visitas múltiples de los jefes de los estados bolivarianos a Rusia y China, así como las constantes visitas de líderes rusos y chinos a los estados bolivarianos para fortalecer sus lazos militares, políticos y económicos[9].

Orígenes de la Alianza

Si bien la afinidad ideológica entre los movimientos cubanos y bolivarianos es clara e importante, la alianza se basa en una poderosa relación transaccional, construida en torno al intercambio de dos productos en beneficio mutuo: petróleo venezolano barato que el régimen cubano necesitaba desesperadamente para revivir su moribunda economía y evitar las reformas políticas y económicas; y ampliar

---

9 Para la documentación de las visitas rusas significativas a la región y la mayor tasa de visitasver: R. Evan Ellis, "Compromiso ruso en América Latina y el Caribe: volver a la 'EstrategiaJuego 'En un mundo complejo e interdependiente de la posguerra fría?' Instituto de Estudios Estratégicos, Guerra del Ejército de EE. UU.College, 24 de abril de 2015. Consultado en: https://strategicstudiesinstitute.army.mil/index.cfm/articles/Russian-Engagement-in-Latin-America / 2015/04/24/

sus vastas capacidades, de clase mundial, de inteligencia desarrolladas con la STASI de la ex-Alemania Oriental y la KGB de la ex- Unión Soviética. La KGB: con décadas de experiencia en recopilación de inteligencia en el hemisferio desde Canadá hasta la Argentina, incluidas numerosas operaciones exitosas dentro de los Estados. Estas capacidades se requerían desesperadamente en Venezuela y los otros estados bolivarianos para mejorar la capacidad del estado en suprimir la disidencia interna y permanecer en el poder indefinidamente[10]. La prueba del éxito es el modelo de los Castro que han mantenido el poder con mano férrea por 59 años.

Las cifras exactas sobre los volúmenes de este intercambio no son posibles porque ambos gobiernos hacen todo lo posible para mantener opaca la información. Sin embargo, en su punto máximo en 2008, se estima que Cuba recibió 115,000 bpd, o más del 60 por ciento de su suministro de petróleo, desde Venezuela a tasas por debajo del mercado, con la mayoría de los pagos diferidos por 20 años. Además, hasta su colapso económico, Venezuela proporcionó un estimado de $5 mil millones por año a Cuba en petrodólares para los servicios descritos a continuación[11].

---

10 Para un excelente resumen de las capacidades de inteligencia de Cuba, vea: Michelle Van Cleave, "Cuba's GlobalRed de terrorismo, inteligencia y guerra, "Testimonio ante el Comité de Asuntos Exteriores de la Cámara de RepresentantesSubcomité de Relaciones del Hemisferio Occidental, 17 de mayo de 2012; William Rosenau y Ralph Espach,"Los espías de Cuba aún tienen más peso que ellos". The National Interest, 29 de septiembre de 2013. Consultado en: http://nationalinterest.org/commentary/cubas-spies-still-punch-above-their-weight-9147

11 Ted Piccone & Harold Trinkunas: "The Cuba Venezuela Alliance - The beginning of the end" 2014; Marianna Parraga y Marc Frank, "Ex-

A cambio, Cuba amplió enormemente sus embajadas en los países bolivarianos para llevar a cabo espionaje y otras actividades, particularmente en Bolivia, Nicaragua y El Salvador[12]. Además, el régimen de Castro desplegó decenas de miles de médicos y de otras especialidades en misiones alrededor del hemisferio, tanto para proporcionar servicios básicos de salud e incrustar expertos cubanos en las estructuras de inteligencia, policiales y militares de naciones amigas El propósito de estas misiones era doble. Primero, los países reciben las misiones pagadas por ellos y recibir el beneficio de un mejor servicio de salud y alfabetización, mientras que se generaban divisas para el gobierno de Castro. Segundo, Cuba obtuvo acceso completo y control significativo sobre los centros estratégicos de poder en todo el hemisferio. En Ecuador, Bolivia, El Salvador y Venezuela, esto incluyó el control directo de listas de registro de votantes y comisiones electorales, además de estructuras de inteligencia militar y civil, mejorando así la capacidad de controlar los resultados de las elecciones.

En los últimos años, Venezuela, durante mucho tiempo el eje del intercambio petróleo / misiones, se ha vuelto cada vez más incapaz de mantener su parte del trato debido a: una corrupción desenfrenada, el colapso de los

---

clusiva: Venezuela Oil.Las exportaciones a Cuba caen, la escasez de energía empeora. "Reuters, 13 de julio de 2017. Accedido a https://www.reuters.com/article/us-venezuela-cuba-oil-exclusive/exclusive-venezuela-oil-exports-to-cubadrop-energy-shortages-worsen-idUSKB-N19Y183

12 "Cuba tiene mayor embajada en Bolivia", Cubaencuentro, 31 de octubre de 2016. Consultado en: https://www.cubaencuentro.com/internacional/noticias/cuba-con-la-mayor-embajada-en-bolivia-32743Google Translate for Business:Translator ToolkitWebsite Translator

precios mundiales del petróleo; hundiendo la producción petrolera venezolana; la caída libre, la escasez y la hiperinflación económica en curso; y el creciente aislamiento internacional del régimen del sucesor de Chávez, Nicolás Maduro, que ha aumentado la represión.

Evo Morales, Daniel Ortega, Raúl Castro y Nicolás Maduro en la Cumbre Bolivariana, La Habana, enero de 2017 (Prensa Latina).

Como resultado, los embarques de petróleo de Venezuela a Cuba han bajado desde el año 2010, y en la primera mitad de 2017 se estimaron en 72.360 bdp[13]. Es probable que la cantidad haya caído aún más desde entonces, ya que en Venezuela la producción ha seguido disminuyendo. Cuba se ha visto obligada a racionar significativamente el consumo eléctrico en edificios públicos, reducir la venta de gasolina y Diesel al público, y recordar a miles de sus miembros de misión debido a restricciones económicas[14].

Esta contracción deja el futuro de la alianza menos seguro, y ha abierto la puerta para que Rusia, China e Irán usen sus recursos económicos para expandir su influencia en el eje bolivariano, tanto para ganar influencia como

---

13 Parraga and Frank op.cit. (14) Piccone and Trinkunas, op. cit.
14 Piccone and Trinkunas, op cit.

para acceder a recursos naturales, incluidos bloques petroleros marinos no desarrollados, litio y otros minerales exóticos.

Los primeros años y el marco ideológico

Mientras que la alianza Castro-Chávez comenzó en la década de 1990, el ascenso del movimiento Cuba-Bolivariano surgió a mediados de la década de 2000 imitando un formato similar a débiles gobiernos democráticos tradicionales en América Latina los que enfrentaron una pérdida de legitimidad debido a la corrupción generalizada, estancamiento económico y sistemas electorales cerrados.

Este descontento coincidió con el apogeo de la riqueza petrolera y popularidad personal de Chávez en el hemisferio, ya que los precios del petróleo subieron a más de $ 100 por barril y aparentemente el dinero ilimitado de PDVSA podría financiar candidatos afines y comprar elecciones en países vecinos. También fue antes de la credibilidad de Chávez como algo legítimo y la alternativa democrática a los partidos tradicionales estaba en ruinas. Los hermanos Castro, todavía empuñando uno de los aparatos de inteligencia más sofisticados en el hemisferio (y de hecho el mundo), vio la oportunidad presentada en esta histórica encrucijada y, con Chávez, se movió agresivamente para aprovechar el momento. Si bien Chávez intentó un fallido golpe de Estado en 1992, confió en los Hermanos Castro para proporcionar la arquitectura conspiratoria ideológica y política que él y sus aliados necesitarían no solo para tomar el poder sino sostenerlo, como lo habían hecho los Castro hecho desde 1959. Esta arquitectura fue adaptada, pero permaneció esencialmente sin cambios como en los casos de Morales, Correa, Ortega y Mauricio Funes y más tarde Salvador Sánchez Ceren en El Salvador tomó el poder a mediados de la década de 2000.

Los presidentes Daniel Ortega (Nicaragua), Hugo Chávez (Venezuela), Raúl Castro (Cuba) y Evo Morales (Bolivia) hacen un saludo antiimperialista
Fuente: Getty Images

Desde 2005-2007, Evo Morales en Bolivia, Rafael Correa en Ecuador y Mel Zelaya en Honduras fueron elegidos con importantes fondos venezolanos y apoyo cubano. Contra todo pronóstico, Daniel Ortega, el único aparte de los hermanos Castro en dirigir una revolución armada, regresó a la presidencia en Nicaragua. En Perú, el candidato bolivariano perdió, pero en Argentina, la dinastía Kirchner, aunque oficialmente no formaba parte del bloque Bolivariano, fue un socio de facto, como lo fue el gobierno de Lula en Brasil.

En 2009, el Frente de Liberación Nacional Farabundo Martí (FMLN), compuesto por exguerrilleros, ganó las elecciones en El Salvador, agregando otro aliado, mientras que Zelaya en Honduras fue destituido de su cargo por la fuerza después de un año. En 2010, Desi Bouterse, un narcotraficante convicto y señor de la guerra abrazado y financiado por Chávez, gano las elecciones en Surinam. Sin embargo, en 2016, la marcha de la "marea rosa" se estaba desacelerando; Brasil, Argentina y Honduras ya no formaban parte de la alianza y Ecuador, bajo el presidente Lenin Moreno, se estaba alejando lentamente del bolivariano autoritarismo y la corrupción que habían definido a Correa[15].

Ahora era evidente que la supervivencia y la expansión de los proyectos conjuntos - el cubano y el eje bolivariano - solo podrían ser asegurados si Venezuela usaba su riqueza petrolera para proporcionar a Cuba productos petrolíferos descontados y muy necesarios, y así comprar aliados regionales, mientras que Cuba proporcionaba la hoja de ruta, la inteligencia y el marco para destruir las estructuras políticas y económicas tradicionales.

A la luz de los desafíos recientes, los líderes bolivarianos hacen constantes peregrinaciones de consulta a La Habana y Cuba fue anfitriona de las FARC durante sus cuatro años de negociaciones con el gobierno colombiano que llevaron a un acuerdo de paz firmado en octubre de 2016. Además de las visitas personales de los presidentes, líderes bolivarianos clave como Juan Ramón Quintana de Bolivia, Medardo González y José Luis Merino de El Salvador[16] todos pasan un tiempo significativo en La Haba-

---

15 FT View, "The Ebbing of Latin America's 'Pink Tide.'" *Financial Times,* December 28, 2015. Accessed at https://www.ft.com/content/72b63996-a282-11e5-bc70-7ff6d4fd203a

16 "Cuban Vice President Receives the Secretary General of FMLN." *Prensa Latina,* December 11, 2017.
Accessed at http://www.plenglish.com/index.
php?o=rn&id=22088&SEO=cuban-vice-president-receivesthe-

na. Quintana era recientemente nombrado embajador de Bolivia en Cuba[17]. Cuba también es el anfitrión de cumbres de la alianza bolivariana, así como otras reuniones multilaterales.

Poster anunciando la creación de un pacto comercial entre la Alianza Bolivariana. Hugo Chávez (izquierda), Fidel Castro (centro) y Evo Morales (derecha).

Cuando Fidel Castro murió en 2016, los líderes bolivarianos abrazaron públicamente las lecciones que les había enseñado. Correa de Ecuador dijo que Castro había sido su guía espiritual y padre político, mientras que Salvador Sánchez Cerén de El Salvador dijo que Fidel lo ayudó "a madurar nuestra visión estratégica de la lucha revolucionaria". Ortega dijo que Castro viviría con todos

---

secretary-general-of-fmln.

17 "Designan al Exministro Quintana Como Embajador en Cuba." *Los Tiempos,* April 28, 2017. Accessed at http://www.lostiempos.com/actualidad/nacional/20170428/designan-al-exministro-quintana-comoembajador-cuba.

sus seguidores y lideraría una multitud fúnebre en La Habana en cánticos de "Yo...soy Fidel, soy Fidel"[18].

Los éxitos de la alianza cubano-bolivariana, por lo tanto, son el resultado de una estrategia política y económica cuidadosamente coordinada, para permitir 'Revoluciones' que tomen y mantengan el poder. Esta estrategia requería una compleja y secuenciada serie de pasos que Cuba entendió y ya había navegado con éxito, a los pasos de los líderes de la alianza bolivariana, bajo su dirección, les siguió:

- Crear una elección binaria entre estar para la revolución, personificado en el presidente y representando la voluntad colectiva de las personas, y otra en su contra.
- Bajo esta lógica, ser contrarrevolucionario es, por definición, una amenaza a la revolución y al pueblo y, por lo tanto, una actividad delictiva;
- Una vez en el poder, reestructurar fundamentalmente los servicios de inteligencia para enfocarse en los enemigos internos, incluyendo los políticos de la oposición, los medios independientes, la Iglesia Católica y la sociedad civil, y simultáneamente destruir las redes sociales tradicionales que históricamente habían protegido a las élites:

---

18 Nick Miroff, "From a Parade of Foreign Leaders, a Glowing Farewell to Fidel Castro." *The Washington Post,* November 26, 2016. Accessed at https://www.washingtonpost.com/world/from-a-parade-of-foreignleaders-a-glowing-farewell-to-fidel-castro/2016/11/29/6a9514c8-b5a8-11e6-939c-91749443c5e5_story.html?utm_term=.a203bd6d415e.

- Reformular a los Estados Unidos como el principal enemigo del hemisferio, utilizando la retórica de La Guerra Fría ["Yankee Go Home"] y moverse agresivamente para crear conflictos que podrían ser utilizados para expulsar a los embajadores, el Drug Enforcement Administración (DEA), USAID y ONG respaldadas por los Estados Unidos;
- Decapitar el liderazgo militar y policial, principalmente aquellos entrenados en los Estados Unidos, y reemplazar los primeros puestos por elementos leales que estén dispuestos a violar normas institucionales y politizar las instituciones en nombre de la revolución;
- Realinear los gobiernos bolivarianos con regímenes hostiles a los Estados Unidos —incluidos Rusia, Irán, China, Siria y, en menor medida, Corea del Norte— en el nombre de solidaridad revolucionaria y la necesidad de una "política exterior independiente"
- Usar los profundos y extensos lazos históricos desarrollados por el régimen cubano durante décadas, con estados criminalizados[19] y organizaciones delincuentes transnacionales con el fin de abrir nuevas vías ilícitas para aumentar la sofisticación de la alianza bolivariana y sus aliados (como las FARC), y usar los fondos adquiridos para asegurar la supervivencia del movimiento.

---

19 The term "criminalized state" is used to define states that use transnational organized crime as an instrument of state policy. See: Farah, *Transnational Organized Crime, Terrorism, and Criminalized States in Latin America: An Emerging Tier-One National Security Priority,* op. cit.

4 September 1986: Libyan leader Muammar Gaddafi and Cuban president Fidel Castro walk with
Nicaraguan president Daniel Ortega during the non-aligned countries summit in Harare, Zimbabwe
Picture: ALEXANDER JOE/AFP/Getty Images

Los lazos históricos de Daniel Ortega y Fidel Castro con los regímenes
criminalizados como el de Muammar Gaddafi fueron de gran valor para el
movimiento bolivariano 20 años después.

La criminalización de la Alianza Cubana / Bolivariana

Impulsados por el imperativo ideológico de desbaratar
y derrotar a los Estados Unidos, La alianza bolivariana /
cubana ha adoptado el crimen organizado transnacional
(TOC) como un instrumento valioso de la política de estado, de manera similar a Rusia, su principal aliado extra-
regional. Como se mencionó anteriormente, esto es particularmente cierto en Venezuela, Bolivia, El Salvador y
Nicaragua. Todos estos gobiernos apoyan directamente a
las FARC, Hezbolá, Irán, ETA y las principales organizaciones de tráfico de drogas como una forma de legitimar el
modo operativo. Los documentos de las FARC capturados

por los militares colombianos en 2008 muestran que el gobierno de Chávez, con la participación directa del presidente, jefe de inteligencia y otros altos funcionarios, prestaron a las FARC 300 millones de dólares para nuevas armas y otros equipos, dinero que las FARC acordaron pagar en envíos de cocaína. además, los documentos revelan las discusiones del préstamo y otro apoyo estratégico vital, incluyendo envíos de armas y la creación de grupos de fachada que tuvo lugar en Fuerte Tiuna, la sede de las estructuras militares y de inteligencia en Caracas[20].

Sería difícil tener una evidencia adicional más directa sobre Venezuela para este designado tráfico de drogas y organización terrorista.

Cuba, como los otros aliados bolivarianos, no ha sido un espectador en estas actividades. Además de ayudar a Corea del Norte en la adquisición ilegal de armas como se indicamos a continuación, Cuba ha sido un aliado constante del régimen de Assad en Siria. Adicionalmente sirvió como facilitador principal en los esfuerzos de las FARC para mover miles de millones de dólares a refugio seguro, en asociación con aliados en El Salvador y Nicaragua.

Estas actividades de blanqueo de dinero, que permiten a las FARC eludir las promesas que ha hecho para perder activos, viola el espíritu y la letra del pacto de paz en Colombia. También vale la pena señalar que el dinero de

---

20) For an extensive look at the support of the FARC by Chávez, and a full explanation of captured FARC documents following the death of FARC commander Raúl Reyes see: James L. Smith, "The FARC Files: Venezuela, Ecuador and the Secret Archives of 'Raul Reyes.'" *International Institute for Strategic Studies, London,* 2011. See also: Douglas Farah, *Transnational Organized Crime, Terrorism, and Criminalized States in Latin America: An Emerging Tier-One National Security Priority,* op cit.

las FARC se derivó del tráfico de drogas, secuestros, extorsión, trata de personas y extracción ilegal de oro[21].

Los mismos documentos de las FARC muestran que las FARC donaron cientos de miles de dólares para la exitosa campaña presidencial 2007 de Rafael Correa en Ecuador, y a cambio recibieron un puerto seguro para sus fuerzas, así como acceso sin restricciones a una economía dolarizada y rutas de transporte de cocaína[22].

Durante la Guerra Fría y desde su final, Cuba utilizó dinero y dinero soviético probablemente derivado del tráfico de drogas para apoyar las revoluciones armadas en América y África.

Testimonio de los asociados de Pablo Escobar, así como el directo testimonio de Carlos Lehder Rivas (tanto Escobar como Lehder fueron fundadores del cartel de Medellín), pionero del capo boliviano de las drogas Roberto Suárez, y ex presidente panameño Manuel Noriega todos pintan una imagen creíble y detallada de la participación directa del régimen cubano en permitir que las drogas fluyan a través de Cuba para el beneficio financiero del régimen.

Mientras que los rebeldes de la Contra respaldados por Estados Unidos en Nicaragua se dedicaban al tráfico generalizado de las drogas, el gobierno sandinista de Daniel Ortega también estuvo implicado en mover cocaína con ayuda cubana. Según las cuentas publicadas, en 1982 reunión de Fidel Castro con los líderes sandinistas Edén

21 Douglas Farah, "Adapting U.S. Counternarcotics Efforts in Colombia," op. cit.

22 Francisco Huerta Montalvo et al, "Informe Comisión de Transparencia y Verdad: Caso Angostura," Dec. 10, 2009.

Pastora y Tomás Borge, Castro los alentó a avanzar en el tráfico de drogas para "blanquear América con cocaína para destruirlo "[23].

Este precedente histórico y la dependencia del bloque bolivariano en la cocaína de las FARC para su beneficio, e hizo participar a estos como una empresa paraestatal, un paso fácil para el liderazgo bolivariano; ganando enormes cantidades de fondos para su proyecto internacional, y no levanta ninguna alarma sobre el régimen cubano.

La lista de los líderes del eje bolivariano, según los informes involucrados en actividades ilícitas, es extensa e incluye altos funcionarios gubernamentales de todos los países bolivarianos. Una pequeña muestra incluye:

- El presidente de Surinam, Desi Bouterse, y su hijo y su confidente Dino, ambos condenados traficantes de drogas[24], y el presidente preside un oro ilícito operación de contrabando que ayuda a las FARC y otros grupos criminales[25].
- El vicepresidente de Venezuela, Tareck El Aissami, miembro del régimen interno del régimen círculo, y

---

23 Ralph E. Fernandez, "Historical Assessment of Terrorist Activity and Narcotic (sic) Trafficking by the Republic of Cuba." *Cuba Confidential*, January 22, 2003. Accessed at: https://cubaconfidential.files. wordpress.com/2012/04/historical-assessment-of-terrorist-activity-and-narcotrafficking-by-cuba.pdf

24 Ivelaw Lloyd Griffith, "Political Acumen and Political Anxiety in Suriname." *Security and Defense Review*, National Defense University, Fall-Winter Issue 2011, Volume 12.

25 Douglas Farah and Kathryn Babineau, "Suriname: The Paradigm of a Criminalized State," Center for Secure Free Society, March 2017, accessed at: http://www.securefreesociety.org/wpcontent/uploads/2017/03/Global-Dispatch-Issue-3-FINAL.pdf

un capo de drogas designado por el Departamento del Tesoro de los Estados Unidos[26];

- El líder del FMLN de El Salvador José Luis Merino (AKA Ramiro Vásquez), actualmente viceconsejero de relaciones exteriores y arquitecto de Alba Petróleos operación de lavado de dinero[27];
- El boliviano Juan Ramón Quintana, actual embajador en Cuba y ex ministro de la presidencia (también ha ocupado otros puestos de categoría superior)[28];
- El jefe de la policía antinarcóticos de Bolivia, René Sanabria Oropeza, condenado de tráfico de cientos de kilos de cocaína de Bolivia a los Estados Unidos[29];
- El ex jefe del banco central ecuatoriano Pedro Delgado, quien orquestó un acuerdo bancario para ayudar a Irán a evadir las sanciones de los Estados

26 El Aissami is only one of more than a dozen senior Venezuelan officials sanctioned by U.S. and European authorities for drug trafficking and ties to transnational organized crime. See: "Treasury Sanctions Prominent Venezuelan Drug Trafficker Tareck El Aissami and his Primary Frontman Samark Lopez Bello." U.S. Department of Treasury press release, February 13, 2017. Accessed at: https://www.treasury.gov/press-center/press-releases/Pages/as0005.aspx

27 Letter from the Hons. Jeff Duncan (chairman) and Albio Sires (ranking member), Subcommittee on the Western Hemisphere, Committee on Foreign Affairs, U.S. House of Representatives, to Hon. Steven Mnuchin, Secretary of Treasury, June 19, 2017.

28 Reyes Theis, "El oscuro pasado del embajador de Bolivia en Cuba, Juan Ramón Quintana." *14ymedio Reportajes*, September 20, 2017.

29 United States of America v. Rene Sanabria-Oropeza et al, United States District Court, Southern District of Florida, Indictment, February 14, 2011.

Unidos y la ONU respecto a su programa de energía nuclear[30].

El ex ministro de seguridad nacional de Ecuador, Gustavo Larrea, quien, según informes, canalizó dinero de las FARC hacia la exitosa campaña presidencial de Rafael Correa en 2006.[31].
Dado el imperativo revolucionario de atacar a los Estados Unidos, el tráfico de drogas para tal fin es justificable, en el contexto del objetivo declarado de "refundar" toda América Latina en imagen de Cuba y Venezuela.

La "Refundación" de los Estados Revolucionarios

El paso fundamental en este proceso, aprendido desde las primeras experiencias de la Revolución cubana fue la "refundación" de la conceptualización básica de la nación, consagrada en una nueva constitución que proporcionaría la arquitectura legal para frenar los medios independientes, politizar el poder judicial, concentrando el poder en el ejecutivo, y perpetuando la revolución en el poder. Chávez implementó la estrategia en 1999, un año después de ganar elecciones, a instancias de Fidel Castro, quien

---

30 Alex Pérez, "Esquemas de prevención de sanciones en Ecuador". En Joseph Humire e Ilan Berman (eds.), Penetración estratégica de Irán en América Latina., Lexington Books, 2014.

31 Además de los documentos de las FARC, un panel independiente designado por Correa encontró que Larrea y otros altos funcionarios del gobierno tomaron dinero de las FARC para la campaña a cambio de promesas de dando acceso libre a las FARC a través de la frontera Ecuador-Colombia. No estaba claro si Correa sabía de las donaciones. Ver: Francisco Huerta Montalvo y otros, "Informe Comisión de Transparencia y Verdad: Caso Angostura, "10 de diciembre de 2009.

entendió que los días de insurrección armada en América Latina habían reanudado su curso.

Evo Morales, el presidente de Bolivia, ha contado públicamente que a principios de 2003 en reunión con Fidel Castro para discutir el tomar las armas contra el gobierno de Bolivia, el líder cubano lo instó a no optar por una insurrección armada para lograr el poder. "No hagas lo que hice, no tengas un levantamiento armado", dijo Castro a Morales. "Dirige una revolución democrática, como la de Chávez, con una asamblea constituyente"[32].)

El presidente boliviano Evo Morales saluda a una delegación de alto rango Oficiales militares cubanos que visitan La Paz en 2016.

Un pequeño grupo de abogados españoles, trabajando primero con Chávez, luego con Morales en Bolivia y Rafael Correa en Ecuador, escribieron las nuevas constituciones para las tres naciones, a partir del libro de jugadas

---

32 Carlos Valez, "Castro instó a las papeletas, no a las armas, para la revolución populista de Bolivia, dice Morales". Los Associated Press, 30 de diciembre de 2006.

cubano que creó los gobiernos bolivarianos como los ver-
daderos representantes de la revolución y las fuerzas que
se oponen a ellos como los "enemigos" contrarrevolucio-
narios que buscan dañar al "pueblo"[33].

En un discurso de 2009, Morales presentó la perspectiva bolivariana y les dijo a los seguidores:

Quiero decirles, compañeros y líderes sindicales, a todos ustedes, si no están con el partido oficial (el MAS) en
este momento, entonces están en la oposición. Ustedes son
la oposición, entonces eres de la derecha, de los racistas-
fascistas, de los neoliberales... es hora de una definición: o
estás con el MAS o eres un fascista (esta rima en español:
Sos MASista o sos facista). No hay posición intermedia.
Defínanse ustedes mismos[34]. Con esta premisa estable-
cida, la oposición política se convierte en subversión, el
silenciamiento de los medios no gubernamentales son necesarios para proteger la revolución y a las personas, los
intentos judiciales para controlar al ejecutivo son intentos
traidores del enemigo para frustrar la revolución, la oposición del Congreso es contrarrevolucionaria, y los intentos
de imponer responsabilidad en las instituciones estatales
o poner fin a la corrupción son agonizantes jadeos de la

---

33 Para una visión más detallada del papel de estos intelectuales españoles, dirigido por Roberto Viciano Pastor de la Universidad de
Valencia, al escribir las nuevas constituciones de Venezuela, Bolivia y
Ecuador, ver: Joshua Partlow, "Las revoluciones impulsadas por documentos de América Latina: el equipo de académicos españoles ayudó
a la refundición Constituciones en Venezuela, Bolivia, Ecuador. "The
Washington Post, 17 de febrero de 2009. p. A1.

34 La declaración fue reportada en todas las principales publicacio-
nes escritas de Bolivia. Un video del discurso se puede encontrar aquí:
http://www.ahorabolivia.com/2009/04/08/debate-%C2%BFsos-ma-
sista-o-fascista/

oligarquía tradicional defendiendo sus posiciones privilegiadas.

Reestructuración de los servicios de inteligencia

Cada uno de los países donde prevalecieron los candidatos bolivarianos compartió una condición de largas historias de inestabilidad política y cambio social no habían podido perturbar significativamente: la cohesión social de las pequeñas y tradicionales élites políticas, en las que las redes sociales construidas a través de lazos familiares compartieron las experiencias educativas y el acceso al poder, juegan un papel enorme.

Este poder central tradicionalmente había asegurado que los miembros de la mitad superior y las clases altas podrían protegerse mutuamente de los extremos de la turbulenta política que a menudo condujo a la violencia en otras clases sociales. Mientras las elites iban en el exilio y de vez en cuando fueron encarcelados, la persistencia de las redes sociales a través de dictaduras militares y disturbios significaban que había una capacidad continua para apelar, en forma personal, al otro lado para mitigar el daño que se haría. Operativos cubanos de inteligencia, habiendo enfrentado circunstancias similares en su revolución y en ayudar a dar forma a la Revolución Sandinista en Nicaragua, que inicialmente gobernado desde 1989-1990, entendió la importancia de alterar esta estructura.

Los cubanos comprendieron la necesidad de destruir esas redes sociales de élite para que la revolución siguiera victoriosa, y lo hicieron dando ejemplos, con arrestos de disidentes prominentes de alto perfil durante los primeros días del ascenso bolivariano. En épocas políticas pasadas también se habían efectuado arrestos de figuras de la oposición, pero esos arrestados de grupos de élite solían ser liberados en cuestión de semanas para que marcharan al exilio, o en cómodos arrestos domiciliarios. En el caso de Cuba, los disidentes permanecieron en prisión (o algo peor), un factor clave para dominar y sofocar la disidencia interna.

Con el debilitamiento y el desmantelamiento de las redes sociales, implementando otras medidas represivas: criminalización de la oposición, hostigamiento, soborno o chantajear a los medios independientes en silencio y llevar a cabo fraude electoral todo se puede lograr mucho más fácilmente.

Mientras se desmantelaban las redes sociales, se estaban colocando nuevas estructuras cubanas en su lugar a través de la alianza bolivariana. Las estructuras generalmente se establecieron dentro de la presidencia, en una "sala de situación" especial, diseñada para mapear, monitorear y destruir toda la oposición política. Durante la Guerra Fría, la Stasi de Alemania Oriental se destacó en el establecimiento de redes internas para lograr que los vecinos espiaran a los vecinos, algo que la estructura interna de la inteligencia cubana perfeccionó a través de los Comités de Defensa de la Revolución (CDR), donde cada persona informaba sobre sus vecinos a un presidente del comité en cada cuadra.

"Lo que Fidel les dijo (a sus aliados bolivarianos) es que, obviamente, no podían confiar en las estructuras de seguridad e inteligencia de regímenes anteriores porque estaban comprometidos y serían desleales", explicó un ex oficial de la inteligencia cubana. "Es por eso que (Fidel) les daría gente en la que podrían confiar, y estos cubanos a su vez tendrían las vidas de los presidentes en sus manos".

Fidel posteriormente propuso ampliar el alcance del trabajo porque para brindar seguridad, se necesita la información necesaria, que se convirtió en el control cubano de las estructuras de inteligencia. "En última instancia, en los casos de Venezuela y Bolivia al menos, la inteligencia colectada por los cubanos fue enviada directamente a La Habana, y La Habana decidiría qué información compartiría con las naciones anfitrionas[35].

Vale la pena señalar que mientras Ortega en Nicaragua mantenía una relación cordial con Castro y el régimen cubano, él manejaba su formidable aparato de seguridad interna mayor independencia; él y sus fieles recibieron años de entrenamiento cubano, soviético y de la Stasi durante su primer período en el poder, y han sido

quizás el más exitoso en replicar el modelo cubano.

El arresto en 2008 de Leopoldo Fernández, el influyente gobernador opositor del Departamento (Estado) Pando en Bolivia, es un estudio de caso de acciones similares en países a través de la alianza, donde Cuba influenció directamente una ruptura con el viejo paradigma.

Inicialmente, Fernández, un político tradicional y hombre de negocios aliado con el ex el dictador militar Hugo Banzer, fue acusado de perpetrar una "masacre" de 11 manifestantes apoyando a Morales, aunque la evidencia

---

35 Antonio Maria Delgado, "Opresión S.A., el nuevo modelo de espionaje y represion exportado por Cuba." *El Nuevo Herald*, October 26, 2014. Accessed at: http://www.elnuevoherald.com/noticias/mundo/america-latina/venezuela-es/article3375172.html

fue decididamente mezclada si los manifestantes o manifestantes contrarios abrieron fuego. Morales ordenó el arresto del gobernador y luego amplió las acusaciones en su contra, incluyendo conspirando para llevar a cabo un golpe de estado, dirigiendo un movimiento separatista armado, y otros cargos. Para reemplazar a Fernández, Morales nombró a un leal oficial naval que continuaría atacando agresivamente a las fuerzas anti-Morales[36].

Fernández no solo fue encarcelado sin un juicio durante años; todos los alegatos para clemencia o liberación por parte de los amigos y familiares de Fernández, incluso aquellos aliados con Morales y el MAS fueron rechazados sumariamente por la estructura de la inteligencia cubana que para entonces controlaba el acceso a Morales y proporcionaba su seguridad. Nueve años después, Fernández fue condenado a 15 años de prisión por ordenar los asesinatos de 2008. Se desestimaron los cargos de terrorismo y conspiración, en gran parte porque ya no eran necesarios para demostrar que cualquiera, sin importar lo bien que conectado, sería encarcelado si se lo considerara un enemigo de la revolución.

"A los cubanos no les importaba a quién conocías, con quién fuiste a la escuela, quién se casó en la familia de su esposa ", dijo un analista de inteligencia boliviano. "Esas fueron las palancas siempre se usaban en estos casos y para los cubanos no significaban nada. Ellos podrían decir a todos que se vayan al infierno sin la necesidad de consultar a sus homólogos bolivianos. Eso fue diseñado para

---

36 "Evo Morales designa a un militar como prefecto de Pando." *La Prensa*, September 20, 2008. Accessed at: https://www.prensa.com/mundo/Evo-Morales-designa-prefecto-Pando_0_2388511444.html

mostrar que las consecuencias de la disidencia eran reales e irreversibles, sin espacio para apelaciones emocionales "

La decapitación de las fuerzas de seguridad

A través de cooperación, educación y acción directa, los Estados Unidos tenían más influencia en las fuerzas militares y policiales en gran parte de América Latina que otras instituciones estatales. Esto hizo purgar las fuerzas de seguridad, tanto en términos de oficiales y doctrina, una alta prioridad para la Alianza Bolivariana-Cubana.

Tan pronto como fue políticamente factible, los estados bolivarianos de Bolivia, Ecuador, Venezuela y Suriname prohibieron las operaciones que la Administración de Control de Drogas (DEA) tenía en sus territorios nacionales. En Ecuador, el gobierno de Correa también tomó sobre la base de interdicción regional de DEA en Manta - para mover que ha llevado a Manta convirtiéndose en un importante punto de transbordo para la cocaína unida a los Estados Unidos, fabricada por la FARC, Además, las unidades examinadas formadas por la DEA, el FBI y la CIA se disolvieron y los miembros, si permanecieron en servicio activo, fueron dispersados a diferentes unidades para diluir su contacto y efectividad.

Las excepciones notables hasta ahora han sido Nicaragua y, en menor grado El Salvador, donde la DEA mantiene una presencia, aunque sus relaciones con los socios y el acceso está restringido y probablemente terminará allí también.

La primera prioridad fue la reorganización de las estructuras de mando de ambos los militares y la policía, con el fin de promover a los leales y marginar a los aliados de EE. UU. Las purgas se justificaron sobre la base de supuestos planes golpistas, y dada la historia de los militares en estos países, las acusaciones demostraron ser efectivas cuando estaban respaldadas por el peso total del estado y sus medios oficiales en constante crecimiento.

En El Salvador, el FMLN promovió de manera legalmente dudosa al Partido Comunista miembro llamado David Munguía Payes, que se había infiltrado en las fuerzas armadas durante la guerra. Munguía Payes fue el primer ministro de seguridad pública de El Salvador, entonces ministro de defensa, donde permanece hoy. Ortega en Nicaragua se movió rápidamente para reinstalar a los sandinistas fieles a la revolución. Bolivia, Venezuela y Ecuador, que no tenía movimientos revolucionarios activos ni grupo de talentos revolucionarios para aprovechar, tuvo que cavar en las filas, con la ayuda de la inteligencia cubana, para encontrar reemplazos aceptables para la nueva estructura de mando.

Según indica un informe de Brookings Institution informó sobre Venezuela, que también aplica para los otros estados bolivarianos :

Venezuela y Cuba también experimentan una relación de seguridad cercana, aunque asimétrica. Varias fuentes informan los números de la inteligencia cubana entre operativos y asesores militares van desde cientos hasta miles. Alrededor de 400 asesores militares brindan apoyo directo a la Guardia Presidencial. La Inteligencia y asesores militares están desplegados según los informes en unidades militares, el Ministerio del Interior y Justicia, la Dirección de Asuntos Militares Inteligencia y el Servicio Bolivariano de Inteligencia Nacional. Este servicio es coordinado por el agregado militar de Cuba en Caracas. Una coordinación de operaciones y el grupo de enlace de las fuerzas armadas cubanas en Venezuela también fue establecido en 2009.

Las fuerzas armadas venezolanas han revisado su doctrina, basada previamente en un modelo de los Estados Unidos, para adaptarlo a una doctrina militar cubana. Esto se basa en una prolongada guerra popular, diseñada para incorporar a la población civil en fuerzas de resistencia en caso de una invasión... los asesores cubanos sirven en el Ministerio del Interior venezolano, servicio de inmigración y nacional compañía de telecomunicaciones. En contraste, los militares venezolanos y la presencia su inteligencia en Cuba se limita a un grupo del agregado militar, establecido en 2007, y oficiales que reciben entrenamiento en escuelas militares cubanas[37].

El papel de Cuba es evidente a lo largo de la ejecución de estos procesos, primero como promovió las purgas y luego cuando ofreció entrenamiento y doctrina militar para reemplazar el modelo de EE. UU. Los esfuerzos cubanos para crear una nueva doctrina para el bolivariano los militares a menudo van acompañados por la ayuda y el personal militar ruso.

El centro actual de capacitación es la "Escuela Antiimperialista Juan José Torres", cerca de Santa Cruz, Bolivia, inaugurado en agosto de 2016 y con personal cubano, Instructores militares ecuatorianos y venezolanos[38].

---

37 Piccone and Trinkunas, op cit.

38 "Instructores de Cuba y Venezuela serán docents en la escuela militartar antiimperialista de Bolivia." *Eju TV*, June 2, 2016. Accessed at:

El presidente Evo Morales inaugura la academia militar antiimperialista
para estudiantes bolivarianos.

El ministro de defensa boliviano Reymi Ferreira dijo
que graduarse de dicha academia sería un "requisito in-
dispensable" para cualquier funcionario que busque pro-
mocionarse a un rango de oficial, diciendo que los estudiantes recibirían instrucción en economía, política y otras
disciplinas "con contexto histórico profundo"[39]. La escuela antiimperialista boliviana al igual que el centro de entrenamiento antinarcóticos en Nicaragua, ha sido oficialmente inaugurada varias veces a lo largo de los años, tal
vez lo que indica la falta de recursos financieros para fina-
lizar los proyectos. La escuela en Bolivia fue inaugurada

http://eju.tv/2016/02/instructores-cuba-venezuela-seran-docentes-
la-escuelamilitar-antiimperialista-bolivia/ ; "Bolivia Opens 'Anti-Imperialist' Military School to Counter US Foreign Policies." *The Guardian*, August 17, 2016. Accessed at:
https://www.theguardian.com/world/2016/aug/17/bolivia-anti-
imperialist-military-school-evo-morales-us

39 "Instructores de Cuba y Venezuela fueron docentes en la escuela
militar antiimperialista de Bolivia", op.

en 2011 como la Escuela de Defensa y Soberanía de ALBA, con sorpresiva presencia del entonces ministro de defensa iraní Ahmed Vahidi, que tiene nota roja de la Interpol solicitando su arresto por el atentado de 1994 en Buenos Aires, Argentina, que dejó 86 personas muertas. Después del escándalo que siguió sobre la visita de Vahidi a la escuela, que según los informes había recibido más de $ 1 millón de financiación iraní y permaneció inactiva durante casi cinco años, hasta su segunda inauguración en 2016.

El presidente Evo Morales (izquierda) y el ministro de defensa iraní Ahmed Vahidi, (derecha) en la inauguración de la Academia Militar Antiimperialista en 2011, Warnes, Bolivia. (Anti- Imperialist.org)

Evo Morales, hablando en la inauguración de 2011, dijo que la escuela prepararía a los pueblos de la región para defenderse de "las amenazas imperialistas, que buscan dividirnos". Indico que los "Pueblos del ALBA están siendo asediados, sancionados y castigados por la arrogancia imperial solo porque estamos ejerciendo el derecho de ser decentes y soberanos ". Agregó que" no debemos permitir que la historia de la colonización sea repetida o nuestros recursos convertirse en el botín del Imperio "[40]. Hablando ante los jefes de estado reunidos de los países del ALBA, Morales articuló la posición de ALBA, diciendo:

> El Imperio busca dividirnos, hacernos pelear con nuestras naciones hermanas para beneficiarse de los conflictos. Pero hemos decidido vivir en paz. El negocio más rentable del imperio es el conflicto armado entre naciones hermanas. La guerra tiene un ganador: el capitalismo. Y la guerra tiene un perdedor: menos naciones desarrolladas[41].

Realineamiento ideológico

La declaración de Morales fue la articulación, en un lenguaje largamente utilizado por Cuba, definiendo la prioridad de las naciones bolivarianas: representar a los Estados Unidos como el principal enemigo de la humanidad y reorientar sus relaciones con Rusia, Irán, China, Corea del Norte, Siria y otros fueron vistos como opositores estratégicos a los Estados Unidos.

Los lazos de los Estados Bolivarianos con Rusia, China e Irán han sido ampliamente documentados[42] y por lo

---

40 "Abre la Escuela de Defensa y Soberanía de ALBA". Servicio de Noticias Anti-Imperialista, 14 de junio de 2011.
Accedido a: http://www.anti-imperialist.org/alba-school-of-defense-opens_6-14-11.htm

41 Se abre la Escuela de Defensa y Soberanía de ALBA, "op cit

42 Ver por ejemplo: Farah, crimen organizado transnacional, terrorismo y estados criminalizados en Latinoamérica: una prioridad

tanto no será discutido aquí en extenso. Sin embargo, el marco ideológico subyacente del realineamiento, conformado y dirigido por Cuba, es menos conocido, pero igualmente importante; esta influencia es el enfoque aquí.

Esta ideología, fomentada en Cuba, está articulada por un grupo de autores ávidamente promovidos por los estados bolivarianos a **través** de una red de sitios web entrelazados. Juntos, estos elementos presionan la idea de que Estados Unidos tiene una gran cantidad de bases secretas en Latinoamérica y está al borde de una invasión que solo puede evitarse con la ayuda de aliados estratégicos[43].

Esta es la teoría planteada por la destacada autora Telma Luzzani, quien escribió un libro completo sobre bases inexistentes de EE. UU. en el hemisferio en el cual ella declaro:

---

emergente de seguridad nacional de primer nivel, op cit; Joseph Humire, "Irán mejorando Milicias represivas de Venezuela. "The Washington Times, 17 de marzo de 2014. Consultado en: https:// www.washingtontimes.com/news/2014/mar/17/humire-irans-basij-props-up-venezuelas-repressive-/; Linette López, "Un presunto terrorista y narcotraficante acaba de convertirse en el vicepresidente de Venezuela". Business Insider, 5 de enero de 2017. Consultado en: http://www.businessinsider.com/new-venezuela-vicepresident- hasties-to-iran-hezbollah-2017-1; Douglas Farah y Liana Eustacia Reyes, "Rusia en Latinoamérica: un análisis estratégico. "PRISM, Centro de Operaciones Complejas, Universidad de Defensa Nacional, Vol. 5 no 4, 2015. Consultado en: http://cco.ndu.edu/Portals/96/Documents/prism/prism_5-4 / Rusia% 20in% 20Latin% 20America.pdf

43 Para una visión general completa de esta red, véase: Douglas Farah, "El avance del populista radical". Doctrina en América Latina: Cómo la Alianza Bolivariana está volviendo a hacer Militares, desmantelando la Democracia y Combatting the Empire, "Prism, Centro de operaciones complejas, National Defense University, vol. 5, no. 3, 2015. Consultado en: http://cco.ndu.edu/Portals/96/Documents/prism/prism_5-3 / The_Advance_Of_Radical_Populist_Doctrine_in_Latin_America.pdf

Pude dibujar dos mapas: uno de la presencia de los Marines en América Central América y otro que muestra, con más detalle las bases del Comando Sur en Sudamérica... Las bases en ultramar siempre han sido un enlace vital en la existencia de cualquier imperio, y son más eficientes si uno puede mantenerlos, como espías, envuelto en secreto... Pueden ser grupos pequeños, tienen poco personal asignado a ellos, estén más ocultos, pero si proporcionan la base logística necesaria para desplegar tropas en gran escala[44].

Otro tropo favorito es Stella Calloni, una periodista con estrechos vínculos con los Castros y Chávez y los llamados "golpes de estado suaves". En esta construcción, el Imperio (Estados Unidos) utiliza proxies como huelgas policiales y disturbios en el ejército para tratar de derrocar a los gobiernos revolucionarios. La estrategia consiste en formas ilegales de crear una situación de caos, organizada por el Imperio, y se operacionaliza cada vez que los gobiernos tomen medidas populares y provoquen que la CIA los ataque. Calloni apoya su hipótesis con casos de disturbios civiles en Bolivia, Ecuador, Argentina, Honduras y Paraguay, donde, dice ella, uno puede responsabilizarse para acciones sediciosas a los pies de agencias y fundaciones de EE. UU. utilizadas a menudo como frentes de las agencias de EE. UU[45].

---

44 Emiliano Guido, "Sin bases no hay imperio", Mirador al Sur, (sin fecha) a la que se accede en: http://sur.infonews.com/notas/sin-bases-no-hay-imperio

45 Calloni expone su teoría de los "fundamentos" como frentes para las acciones de EE. UU. En una pieza titulada "The Silent". Invasión "(La invasion silenciosa). Debate en Cuba, 7 de abril de 2009. Accedido a:

Ninguno de estos escritores o legisladores opera en un vacío. Ellos y su trabajo están vinculados a través de una extensa red de hubs cibernéticos que agregan material, enlace y promoción mutua, apareciendo en los sitios web oficiales de los gobiernos de Cuba, Venezuela, Argentina y otros lugares.

Territorios Vigilados, el libro bolivariano más vendido: *Cómo operan en Sudamérica la red de bases militares de los Estados Unidos*, en ,as que se esbozan los planes de los EE. UU. para invadir militarmente a América Latina.

Un centro muy activo: entre más de una docena identificado por IBI Consultants en una breve encuesta se llama Contrainjerencia (Contra la injerencia), un título que se refiere a la interferencia imperialista en el hemisferio. En la figura que se muestra a continuación, la conexión con múltiples sitios dirigidos por Cuba, como con los

http://www.cubadebate.cu/opinion/2009/04/07/la-invasion-silen-ciosa-iii/#.U20wDC8wInY

bolivarianos, y la agencia de noticias Telam, del gobierno argentino, es evidente.

Stella Calloni con Fidel Castro.

Al comprender intelectualmente este proyecto, la lógica de las relaciones entre los Estados bolivarianos y Cuba a una amplia gama de actores deshonestos se hace evidente. Entre las alianzas incluyen: el intento de exportaciones ilegales de aviones de combate MiG a Corea del Norte; el abrazo de Chávez a Carlos el Chacal y otros grupos terroristas internacionales, incluidas las FARC; y el cálido abrazo de Rusia como una alternativa viable a la Estados Unidos para doctrina, apoyo militar y asistencia financiera. Pocos casos demuestran mejor el papel central de Cuba como facilitador de estados deshonestos que el extraño caso de la incautación de un buque norcoreano en Panamá en julio de 2013, el Chong Chon Gang, que navegaba desde Cuba hasta su país de origen. Basados en información de inteligencia, funcionarios estadounidenses y panameños detuvieron y abordaron el barco durante su viaje al ingresar al Canal de Panamá. Las autoridades panameñas encontraron que el oxidado buque llevaba sistemas de armas de Cuba, escondida en contenedores debajo de cientos de miles de sacos de azúcar, cargados de tal manera como para hacer la búsqueda particularmente difícil. A partir de entonces, el Ministerio de Relaciones Exteriores de Cuba confirmó que efectivamente habían enviado armas en el barco: dos sistemas antiaéreos, nueve misiles y dos jets MiG desmantelados, junto con 15 motores MiG. Toda la los materiales se produjeron a mediados del siglo XX. Los cubanos dijeron que el armamento, que era militarmente obsoleto, estaba siendo enviado a Corea del Norte para reparaciones[46].

Dado el hecho de que Corea del Norte tiene poca capacidad de mantenimiento para armamento, la explicación era claramente absurda, especialmente dada la historia de enviar. Como se señaló en un informe:

La motonave Chong Chon Gang, se ha revelado, es una conocida nave rebelde, habiendo sido detenida y buscada con envíos sospechosos en otras ocasiones. En 2009, se ubicaba en la base naval rusa de Tartus, en Siria. Un año después, se encontró que llevaba drogas en Ucrania. Se sabe que Corea del Norte opera una flota de tales naves; y se sospecha de su uso para procurar divisas para Pyongyang por transportar armas del mercado negro aquí y allá a través de los mares. También hay alguna evidencia que sugiere que Corea del Norte está en al acecho de

---

46 Rick Gladstone and David E. Sanger, "Panama Seizes Korean Ship, and Sugar-Coated Arms Parts." *New York Times*, July 16, 2013. Accessed at: http://www.nytimes.com/2013/07/17/world/americas/panamaseizes-north-korea-flagged-ship-for-weapons.html?pagewanted=all&_r=2&

componentes para misiles, como parte de su esfuerzo continuo para construir un sistema de misiles capaz de llevar una de sus cabezas nucleares[47].

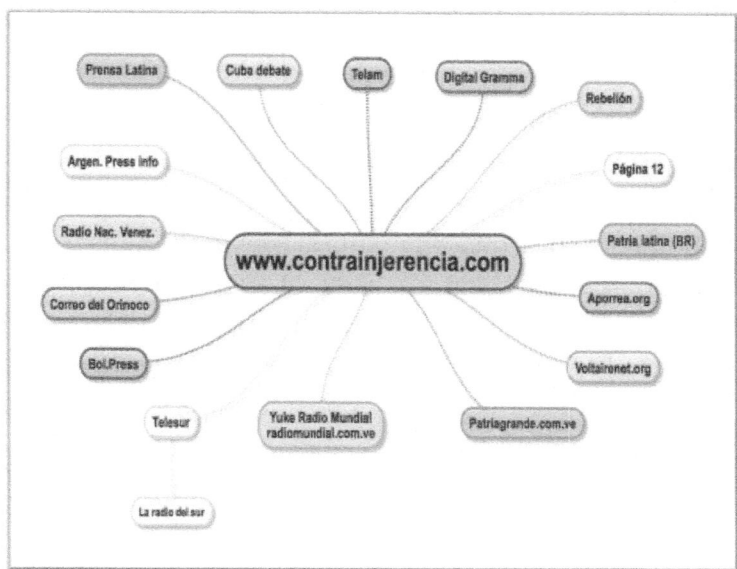

El gobierno cubano ejerce un control férreo de los puertos y la carga de salida, y la carga en cuestión se originó directamente del ejército cubano. Por tanto, es claro que el gobierno cubano fue un participante directo en el intento ilegal de enviar armas a Corea del Norte. Lo que sigue siendo desconocido es por qué el régimen cubano tomaría tal riesgo.

---

47 John Lee Anderson, "The Case of Cuba and the North Korean Ship." *The New Yorker,* July 18, 2013. 48 Sarah Marsh, "Castro Meets North Korea Minister Amid Hope Cuba Can Defuse Tensions." *Reuters,* November 24, 2017. Accessed at: https://www.reuters.com/article/us-cuba-northkorea/castro-meets-north

A finales de 2017, a medida que crecía la presión internacional sobre Corea del Norte y las Naciones Unidas imponía más sanciones a la nación aislada, sin embargo continuó probando su tecnología de misiles y Cuba invitó para una visita al ministro de Relaciones Exteriores de Corea del Norte Ri Yong-ho.

Es el único viaje conocido al extranjero de un alto funcionario de Corea del Norte exceptuando a su patrocinador principal, China.

Si bien se desconoce la naturaleza exacta de la visita, Yong-ho se reunió con Castro y su Canciller Bruno Rodríguez Parrilla y llevando a cabo otras "actividades no especificadas", mientras denunciaron conjuntamente las "listas y designaciones unilaterales y arbitrarias de los EE. UU." que llevaron a "Medidas coercitivas contrarias al derecho internacional". Según los medios estatales cubanos, en su resumen de la reunión, "En un encuentro fraternal, ambas partes comentaron la amistad histórica entre las dos naciones y se habló de temas internacionales temas de interés mutuo"[48].

Conclusiones

La influencia hemisférica del régimen cubano ha sido significativamente mejorada por los muchos papeles que ha desempeñado en el apoyo a la revolución bolivariana en América Latina. El principal activo de Cuba es su sofisticados y competentes servicios de inteligencia, que ahora

---

48 Korea-minister-amid-hope-cuba-can-defuse-tensions-idUS-KBN1DO2JG. Marc Frank, "Corea del Norte Ministro de Asuntos Exteriores se dirige a Cuba. "Reuters, 20 de noviembre de 2017.

operan en todo el continente y que controlan las señales humanas y transmiten esta información a los países anfitriones como Bolivia y Venezuela.

El apoyo ideológico y logístico de Cuba a un movimiento que estaba al alcance de miles de millones

de petrodólares también le dio al gobierno de Castro acceso a petróleo barato y, con ese petróleo, una supervivencia sin reformas internas significativas. El intercambio de petróleo y el dinero para el apoyo de inteligencia ahora está amenazado por el colapso económico de Venezuela.

El resultado del proyecto revolucionario cubano / bolivariano común ha sido crear una alianza de estados altamente criminalizados que ven a los Estados Unidos como el enemigo primario de la humanidad. Para instituir un nuevo orden internacional en línea con sus intereses, esta alianza ha adoptado el tráfico de cocaína y otras actividades ilícitas como instrumentos legítimos de la política estatal. El movimiento populista radical para crear "El Socialismo del Siglo XXI" se ha establecido para destruir sistemáticamente las instituciones, silenciar a los medios independientes, perpetuarse en el poder por cualquier medio necesario y aliarse con otros gobiernos en todo el mundo que son abiertamente hostiles a los Estados Unidos y sus intereses.

Mientras Venezuela bajo Hugo Chávez es ampliamente (y correctamente) reconocida como la conductora de los nuevos movimientos revolucionarios en América Latina, Chávez y otros el éxito en tomar el poder y retenerlo no hubiera sido posible sin la participación de Cuba.

El esfuerzo bolivariano / cubano debe entenderse como una empresa ideológica/criminal que busca una alianza autoritaria para directamente desafiar los intereses de EE. UU. en el hemisferio. Para hacerlo, está abriendo la puerta a Estados hostiles al igual que actores no-Estatales para operar con impunidad. Este ejercicio en guerra asimétrica aún no ha tenido una respuesta estratégica apropiada por parte de los Estados Unidos.

Made in the USA
Las Vegas, NV
14 December 2021